U0448000

高效能沟通的
七个习惯

[美]
史蒂芬·柯维
桑德拉·柯维
约翰·柯维
简·柯维
Dr. Stephen R. Covey
Sandra M. Covey
Dr. John M.R. Covey
Jane P. Covey
_著

王岑卉_译

北京联合出版公司
Beijing United Publishing Co.,Ltd.

目 录

前 言_8
序 言_14

第1部分 高效能沟通的七个习惯 002

不同家庭，不同风格_004
充分发挥各方长处_006
移情沟通是关键_007
重视差异，互相学习共同成长_009
敞开心扉，请相互称赞_010
大张旗鼓地表达爱与重视_011
良好的关系需要一点幽默感_012

给自己一段心理空间_018
成长与幸福的关键_018
我们拥有选择权_020

你有能力选择回应方式_025

将脑海中的图景化作美好现实_025

学会倾听自己的良知_028

生命向我提出了什么要求_030

人类四大天赋_033

拥有独立意志_033

人类四大天赋_034

实践你的自由，定期使用_035

不断练习，不断反思_036

离婚的七大代价_037

公众领域的成功_042

从"我"到"我们"，寻求双赢_043

练习移情聆听_045

寻找第三种解决方案_047

给自己留出时间_048

第2部分　打造高效能沟通文化 051

检验七个习惯_052

婚姻/伴侣关系的四个C_054
信守承诺，彰显品格_056
你能够克服艰难险阻_058
打造高效能沟通文化_059

基于人类效能原则的七个习惯_061

习惯一：积极主动——将选择与责任带进关系_063
你有选择回应方式的自由_069
你可以控制自己的回应_072

实践习惯一：积极主动 _075
关注影响圈 _076
生活中的影响圈 _076
积极主动的关注：属于"影响圈"的活动 _077
如何做出积极主动的选择 _078

习惯二：以终为始——将目标与愿景带进关系 _081
毫无目标地拼拼图 _082

实践习惯二：撰写关系使命宣言 _089

习惯三：要事第一——共度一对一时间 _100
为最重要的事物留出时间 _103
为了婚姻美满，请将伴侣关系摆在首位 _104

实践习惯三：规划留给亲密关系的时间 _105
配偶/伴侣活动 _108

习惯四：双赢思维——在关系中建立信任 _ 110
情感账户代表关系的质量 _ 112
存款和取款分别是什么 _ 115
活动：与伴侣共建情感账户 _ 116
考虑与对方达成双赢 _ 118

实践习惯四：得到想要的结果 _ 120
双赢思维 _ 120

习惯五：知彼解己 _ 123
探索沟通的核心 _ 123
聆听者的意愿比技巧更重要 _ 131

实践习惯五：有效的聆听 _ 135

习惯六：统合综效——考虑双方的长处 _ 139

实践习惯六：重视伴侣，意识到伴侣的长处 _ 145

习惯七：不断更新——推动关系日新月异 _149
不断更新 _151

实践习惯七：投入时间、精力和金钱培养自身技能 _155
高效能沟通总结 _159

高效能沟通中的反思 _163

七个习惯的定义 _165

作者简介 _168

富兰克林柯维公司 _171

环球出版社 _172

前　言

过去二十五年间，我们走遍世界各地，足迹遍及亚洲、欧洲和美洲，传授《高效能家庭的七个习惯》（*The 7 Habits of Highly Effective Families*）这本书提到的原则和概念。你也许猜到了，我们收到的很多问题聚焦于成年伴侣之间苦乐参半的关系。他们有些已步入婚姻殿堂，有些尚未成婚，但都在被称为"家庭"的关系中互动。我们希望能通过本书，与你分享我们从中学到的东西。我们想分享的第一点是，我们无法给"家庭"或"婚姻"下定义。有些关系是婚姻，有些不是婚姻，但每段关系都致力于让"家庭"这个小单位走向成功。无论你属于哪种情况，用哪个词来形容这段关系并不重要。重要的是，你能否与朝夕相伴的爱人拥有一段美满顺畅的关系。重要的不是你们的伴侣关系和家庭的结构，而是你们都认同"爱、奉献与对家庭成功的共同愿景让两颗心结合在一起"。

我们意识到，无论在哪种文化中，"家庭"都不仅仅是一群人住在同一个屋檐下；家庭是神圣的，无论其形式或大小。我们相信，成年伴侣应当竭尽全力，打造幸福、充实而健康的家庭生活。高效能家庭关系对于个人、社会乃至未来的福祉至关重要。

你可能会问，为什么有些伴侣的沟通是高效能的，有些则不然？这是由什么导致的？是否存在放诸四海而皆准的人类效能原则？答案是肯定的！本书介绍的七个习惯能够有效提高人类效能。无论你处于何种境况，它们都能发挥神奇功效。

若干年前，人际关系领域的几位学者进行了一项严肃的科学研究，发表了一份名为《天生就想建立联系》（*Hard Wired to Connect*）的报告。这项研究解释了为什么我们会有现在这样的行为方式，以及人类的情绪成长需要哪些东西。简言之，我们天生就需要相互联系。人类最迫切的需求除了求生欲，就是与他人建立联系的欲望。事实证明，与他人建立并保持联系的人不但寿命更长，活得也更幸福。

亲密关系和家庭方面的问题并不会自行消失。事实上，时间拖得越长，问题就会变得越复杂。因此，关键不在于把问题解决掉，而在于你要如何应对问题。这决定了一段亲密关系是幸福还是不幸。我们通常会将亲密关系想象成一架飞机。飞机通常有明确的目的地、飞行计划和有助于它保持航向的仪表，亲密关系也是一样。如果你拥有以上三样东西，就能在亲密关系中取得成功。七个习惯就像一份飞行计划，能帮你打造最充实、最稳固的亲密关系。

本书阐释并探索了这一亘古不变的法则，并将其推向了更高层次，教你如何建立高效能的沟通。书中充满了真知灼见，介绍了许多建立稳固亲密关系的人。人类效能原则将帮助你和伴侣在具体境况中茁壮成长。

这部精彩力作探索并展示了史蒂芬·柯维、桑德拉·柯维及其子女和其他一些家庭对七个习惯的实践。我（约翰）从小就认识史蒂芬，因为他是我哥哥。我（简）目睹了史蒂芬对我丈夫约翰毕生的影响。我看见史蒂芬和桑德拉建立了幸福稳固的关系，这段关系影响了好几代人,也影响了我的生活和婚姻。为此,我对他们万分感激。我可以证明,他们一直是幸福美满伴侣关系的典范。

敬请享受这段阅读之旅。请记住,它是写给你和你的伴侣的。

约翰·柯维与简·柯维

如果你今天将七个习惯中的一个付诸实践，立刻就能看到效果；但这是一次持续终生的冒险，是一辈子的承诺。

——史蒂芬·柯维

序　言

你好，我是史蒂芬·柯维。欢迎阅读本书，它将教会你在家庭和婚姻中运用七个习惯。我坚信，健康的婚姻和家庭是文明的基础、社会的基石，我们最大的幸福与满足来自家庭和家人。我也相信，我们要做的最重要的工作是在家中。

在对卫斯理女子学院的毕业生做演讲时，美国前第一夫人芭芭拉·布什曾说道：

"当医生、律师、商界领袖固然重要，但有一点同样重要，那就是，你首先是一个人，你与伴侣、子女、朋友的关系，是你可以做出的最重要的投资。在生命的尽头，没有通过更多的考试，没有打赢更多的官司，没有谈成更多的生意，这些事并不会让你感到遗憾。会让你感到遗憾的是，没有多跟丈夫、孩子、朋友或父母共度时光。我们整个社会的福祉并不取决于白宫里发生的事,而取决于你家里发生的事。"

我坚信,如果整个社会在生活的其他方面都勤奋努力,却忽略了最重要的关系,也就是与伴侣和家庭的关系,就会像试图摆正倾斜的"泰坦尼克号"上的折叠躺椅一样徒劳无功。联合国前秘书长达格·哈马舍尔德曾说:"将自己完全奉献给一个人,要胜过为大众辛勤劳作。"我太太很喜欢引用这句话。

人类有着相似的需求。我们需要安全感,需要得到赞赏、尊重、鼓励和爱。这些需求可以在恋人、夫妇、亲子之间得到满足。因此,当某个家庭中的个体无法满足这些需求时,境况就会变得悲惨万分。人类的一切互动中都存在某些基本原则,要想拥有高质量的家庭生活,就必须与这些原则(或者说是自然法则)和谐相处。在过去五十年里,我目睹了婚姻和家庭状况发生的巨变。

例如:

- 单亲子女数量增加了 400%。
- 单亲家庭的比例翻了三倍多。

- 离婚率增加了一倍多。
- 青少年自杀率上升了近300%。
- 父母一方白天在家照顾孩子的家庭比例从66.7%下降到了16.9%。

想到过去五十年里家庭发生的巨变，真是令人既震惊又恐惧。伟大的历史学家阿诺德·汤因比指出，我们可以用一句简单的话总结整个人类历史："没有比成功更大的失败了。"换句话说，当对策符合挑战的时候，就是所谓的成功。但当挑战发生变化后，过去成功的对策就不再奏效了。我们社会面临的挑战发生了变化，影响了家庭和伴侣关系，所以我们必须制定符合全新挑战的对策。

仅仅是想要建立稳固的伴侣关系和家庭还不够。为了应对变化，我们还需要全新的思维方式、技能和工具。挑战已经发生了巨变，如果我们想拿出有效的对策，就同样需要做出改变。

"七个习惯"这个框架就展示了上述思维方式和技能。许多伴侣和家庭都在使用"七个习惯"框架内的原则，来巩固关系并保持正轨。

```
                习惯七：不断更新
                    互赖期
        习惯五：              习惯六：
        知彼解己              统合综效
              公众领域的成功
              习惯四：双赢思维
                    独立期

                    习惯三：要事第一
                    个人领域的成功
        习惯一：              习惯二：
        积极主动              以始为终
                    依赖期
```

至于如何将这些行之有效的原则运用到生活中，与我相伴五十年的爱妻桑德拉，以及我弟弟约翰和他的太太简，提供了众多真知灼见。我们衷心希望本书能引起你内心的共鸣，帮助你将这些原则运用到自己的婚姻、伴侣关系和家庭之中，并像我们和我们的家庭一样从中获益。

请记住,只知不做等于不知,只学不做等于没学。

——史蒂芬·柯维

第1部分

高效能沟通的七个习惯

桑德拉：

我们将要讨论伴侣之间的关系，也就是两个成年伴侣在家庭内部的关系，这其实很有意思。因为在很多人看来，它是指正式合法的婚姻，但其实并非如此。它也可以是两个成年人之间达成的沟通共识，双方选择组成一个家庭单元，可能有孩子，也可能没有孩子。如果你深入思考，就会觉得惊讶，竟然有这么多伴侣关系能够成功。毕竟，双方来自截然不同的家庭，有着截然不同的生活背景和行为方式，对解决问题、沟通、理财和抚养孩子的看法也不尽相同。这真的很奇妙！

我只想说，嫁给史蒂芬以后，我从来没有觉得无聊过。他总在做些有趣又激动人心的事。我还记得，我父母会手拉手走进芬伍德的冰激凌店,买好冰激凌再一起散步回来,然后坐在门廊上跟邻居闲聊。我和史蒂芬从来没有过那样悠闲的日子。我总是问他:"过去的美好时光去哪儿了?那时候大家都有空闲时间,也不是每时每刻压力都这么大。"

不过,我们的生活也同样棒极了。我们向伴侣学习,看着孩子们渐渐长大,成为独立个体,拥有自己的幸福生活。所以,我认为结婚是一件好事。我认为,双方都必须付出努力,才能打造美满婚姻。我们都从中学到了很多东西,变得不那么自私,更乐于奉献,更懂得去爱。这是一种不断进步的方式。

不同家庭,不同风格

我还记得,刚结婚的时候,我有一个坎怎么都过不去:我认为,如果我不觉得父母家的处事方式最正确,就是不忠于原生家庭。足足过了好几年,我才意识到,其实每家人的处事方式都不一样。在那之后,我才开始学习选择我们夫妻俩想要的处事方式,而不再是全盘复制父母的处事方式。

　　婚后不久，我们搬回了波士顿。史蒂芬去那里上学，我们还在那里生了一个孩子。大约一年后，我们又搬回了家。我还记得，回到家的第一周，史蒂芬的妈妈打电话给我："噢，桑德拉，我很高兴你们搬回来了。我只想告诉你，史蒂芬从小就喝雅顿牛奶，我们家一直都喝这个。我们总是订《犹他新闻报》。"我回答说："哦，谢谢告诉我这个。"不久，我妈妈打电话过来说："桑德拉，你从小到大喝的是温德牛奶。我们总是订《论坛报》。"于是，我们不得不折中一下，订了三叶草牛奶和《每日先驱报》。

　　这真是太奇妙了。我告诉我们所有的已婚子女："你用不着学我们，从双方家里汲取精华就好。你觉得怎么做更好，就放手去做吧。"

　　我的家人非常开放外向，会公开表达情感，互相亲吻拥抱。家人之间没有任何秘密，每个人都知道家里其他人的所有事。如果有人生你的气，你肯定一清二楚。相比之下，史蒂芬的家人则比较注重隐私，喜欢把事藏在心底。哪怕有人生你的气，你大概也茫然不知。我们两家人形成了鲜明的对比。史蒂芬一直试图让我少说话，而我一直试图让他多开口。

充分发挥各方长处

史蒂芬这人胆大包天。他经常打猎、划船、滑水、半夜跳进湖里，还经常驾驶全地形车、摩托车和类似的玩意。婚后头几年（其实直到现在也是），我总在努力把脑海中妈妈的声音压下去："要是你上了那条船，就会淹死的！要是你爬上那棵树，就会摔下来的！"为了做到既独立自主又团队合作，我们不得不达成共识：双方都必须将孩子的福祉摆在第一位，同时支持伴侣的行事风格和做法。

我热爱艺术，喜欢戏剧、芭蕾、歌剧等，所以我们会买演出门票。史蒂芬则喜欢看篮球赛、足球赛和其他体育运动，希望全家人能一起去。不过，我们能协商解决。我还记得，儿子们还没进入青春期的时候，我们不得不拽上他们去听交响乐。但他们进入青春期并开始约会以后，渐渐觉得听交响乐其实挺酷的，他们的约会对象也认为受邀看芭蕾或上剧院很有范儿，于是，他们开始争抢门票。那真是棒极了!

正如我在前面提到的,不同家庭有不同风格。我们必须意识到,自己有选择的自由,不需要复制父母的处事方式。我们可以做出选择,可以相互包容,弄清彼此最重视什么。

移情沟通是关键

我们学会了相互沟通。史蒂芬无论身在何方,都会打电话给我,我们一天要通好几个电话。他去新加坡和中国的时候,我接到了他打来的电话:"嗨,你在做什么呢?"我告诉他:"你知道吗,现在是凌晨三点欸!"

有一件事我们两个人都很喜欢。我们有一辆本田牌的小摩托车,每天都骑它出去兜风。我们会到附近兜上一圈,远离电话,远离孩子,欣赏风景,互相交流。冬天,你也可以骑雪地摩托车,或者驾驶其他交通工具。两人独处的时光真是美妙极了。

住在夏威夷的时候,我们会骑小摩托车去海滩,在那里聊上几个小时。我认为,无论遇到什么问题,只要能把问题、疑虑和困扰你的事敞开来聊聊，将一切传达给伴侣，你的心情就会好起来。只有闭口不谈，情况才会变糟。史蒂芬常常提醒我，未经表达的感受永远不会消失，只会以更丑陋的方式回归，在婚姻和家庭中都是如此。伴侣双方需要学会在安全的氛围中表达自己的疑虑。

史蒂芬经常出差，会错过很多事，所以他一天要打好几次电话回来。在孩子们的成长过程中，他每天晚上都会打电话回家，跟每个孩子聊天："你在做什么呢？今天过得怎么样？最近发生了什么事？跟我说说吧！"有时候，他会在晚上十点差五分打电话回来。那个时候，我们正好在看电影。电话铃声响起，大家会说："噢，不，又是爸爸。你去接电话。""才不呢，我昨晚刚跟他聊过，今天该你了。"但你知道的，这也是一种沟通。作为留在家里的那个家长，我不会感到孤单，不会觉得只有自己一个人在抚养孩子。

大卫·麦凯跟太太已经结婚六十多年，有一位记者问麦凯夫人："你们的婚姻这么美满，直到今天你们依然相爱，手牵着手，你有没有想过离婚？"她说："离婚？没想过。杀人？这个倒是想过。"

我想，在沮丧、疲惫且沟通不够频繁的时候，我们每个人脑海中都闪过类似的念头。

重视差异，互相学习共同成长

跟与你截然不同的人结婚是一件美妙的事，因为双方会向对方学习并共同成长。我们两个人常常这么做：如果某件事对我来说真的很重要，比如我想去看芭蕾，他想去看电影或体育比赛，我们就会对对方说："好吧，你必须说实话，如果从1到10来打分，你觉得这件事有多重要，你会给它打几分？"这个游戏的规则是不许撒谎，所以必须给想参加的活动排个序。我会说："呃，我会给它打5分。"他会说："在我看来它只值1分，所以我们还是去看芭蕾吧。"这种简单的沟通方式让我们受益匪浅。此外，还有一种沟通方式叫"完全坦诚"。我在洗手间里挂了个牌子，上面写着："今天我比昨天爱你。昨天你真的让我好生气。"

敞开心扉，请相互称赞

请相互称赞。你的孩子们也许不会说："您每天打扫屋子，给我们洗衣服，还做了这么美味的晚餐，真是个好妈妈！"你不会经常从孩子口中得到这样的赞美。不过，每当我们吃到的饭菜格外美味，或是做了稍稍不同寻常的事时，史蒂芬都会说："噢，请为妈妈起立鼓掌！"然后，孩子们就会站起来鼓掌。或者，享用精美绝伦的晚餐时，史蒂芬会说"请给她做个触地得分的手势"——这是最高级别的赞美。如果有人做了什么特别的事，孩子们就会三呼"万岁"。我真的很喜欢我们家的这项传统。

女人往往更重视言语沟通，总是希望丈夫说出自己想听的话。我们有不少好朋友，如马德森一家，杜鲁门和安。安有一次对我说："有一天晚上，我对杜鲁门说：'杜鲁门，你真是太棒了。你是最好的丈夫，我很高兴嫁给了你。我想不出比你更体贴、更优秀的男人。'我确实是这么想的，但我也希望他给我同样的赞美，可他只是说：'那当然了。'"有时候，这就是女人们得到的答复。所以，我们必须寻找其他形式的"言语"。

大张旗鼓地表达爱与重视

我们家的另一个传统是，每当有人离家和归来的时候，大家都会大张旗鼓地庆祝。每当有亲人回到家时，我们都会放下手中的事，好好陪伴他们。无论对方是我的伴侣还是我们的孩子，我们都会努力表达爱与幸福。"噢，你回来了！快跟我说说你今天过得怎么样？"关键在于，要表现出真的很高兴见到对方，并让对方清楚地知道这一点。当他们离开家的时候，我们也会做同样的事，给他们大大的亲吻和拥抱，告诉他们"早点回来"。我认为，大张旗鼓地庆祝离家和归来是件好事，这会让你的伴侣渴望回家，让每个人都感到自己与众不同、被人深爱。

我还记得小时候，爸爸回家之前，妈妈总会精心打扮一番。那时候，女人在家通常穿居家便服，而她会换上漂亮的便服，化上淡妆，做好发型。我会问她："你为什么要这么做？"妈妈会告诉我："你爸爸马上要回家了。"这听起来有些俗套，甚至有人会觉得是性别偏见，但我妈妈会打扮得美美的，表现出很高兴见到爸爸的样子。我能看出，在结束难熬的一天，见过无数不友善的客户，甚至一整天都没卖出一件货物后,这让我爸爸很高兴能回到家。因为在家里,他是被人深爱并受到重视的。

我们家还有个传统,那就是大肆操办生日和节日。如果碰到属于你的"大日子",你一早起床就会看见气球和庆祝标语。我们会把它当作特殊场合庆贺,享用特别的晚餐。我的儿媳和女婿们会说:"噢,你们家真是的!我们都要累死了!看在老天的分上,那简直都不是生日了,而是生日周,或是生日月!"

但我的一个女婿说:"刚加入你们大家庭的时候,我简直不敢相信你们有多喜欢互相称赞。你们总是觉得对方棒极了,还喜欢大张旗鼓地庆祝。"

说到这里,他停顿了片刻,最后忍不住脱口而出:"但说真的,我开始爱上这个了!"

良好的关系需要一点幽默感

我认为结婚是件激动人心的事。它可能比你想象的还要美妙,但也比你想象的艰难得多。我认为,我丈夫史蒂芬是最棒的!我喜欢跟他在一起,也很高兴能嫁给他。

我们在蒙大拿州有个住处,夏天常在那里避暑,冬天则去做冬季运动。有一年初秋,天气刚开始转凉,我们在周日早晨去了教堂,所以,我们穿的是上教堂的全套正装。周日礼拜结束后,我们踏上了六小时的公路之旅,开回位于犹他州的家。

开出一段路后,史蒂芬说:"我好累啊,你想换着开一会儿车吗?"我答应下来,开了几个小时的车,让史蒂芬打了个盹儿。然后,我的眼睛也酸了,需要休息一会儿,于是,我对史蒂芬说:"我得休息一下了。我要停车,去后排躺一会儿。你把后排收拾得不错,弄得挺舒服的呀。换你来开一会儿怎么样?"

他一口答应了下来。于是,我开门走出驾驶室,绕到车子后排去,史蒂芬则绕去前排。当时我们是在高速公路上,其他车都开得飞快,周围的噪声有点大。我停下脚步,脱下漂亮的高跟鞋,扔进汽车后排,然后砰的一声关上了后车门,因为那辆车得把车门关好才能启动。

史蒂芬听见关门声,连头也没回,就以为我上车了,然后就启动了车子。他以前也干过这事,害得我只好跟在车后头跑。不过,那次他是跟我开玩笑,因为他觉得这么做很搞笑。我还以为他这次也是开玩笑呢。他缓缓启动,开上了高速公路,后面还跟着不少车。我心想,我会追上去的。

但突然之间,他一踩油门,就那么加速开走了。车子一下就消失在了远方。我穿着参加周日礼拜的连衣裙和长筒丝袜,没穿鞋子,站在高速公路旁边,冷得瑟瑟发抖。我心想,噢,老天啊,他什么时候才会开回来啊?我得等他隆重登场,结束这场玩笑。我等啊等啊,可他一直没有开回来。很多车从我身边呼啸而过,车上的人看见一个女人呆呆站在路边。我猜有人用手机通知了公路巡警。他们可能是这么说的:"有个男人把老婆踹下了车,她只穿着长筒丝袜,光脚站在高速公路上……"

于是,大约二十分钟后,公路巡警出现了。警官在我身边停下车,问:"家里闹了点小矛盾?"

"噢,不,"我说,"我丈夫以为我在车里,他没意识到我不在。"

警官说:"呃,这有点怪啊。我是说,你不该坐在他旁边的副驾驶座上吗?他怎么会没发现你不在?"

我说:"噢,你瞧,我打算去后排躺下的。"

"嗯，嗯，当然了，"他说，"上车吧，我们会试着找到他的。"

于是，我们上了车。警官说："呃，他有手机吗？"我说："他有。"警官说："那我来给他打电话吧。"

接着，他就打了那个号码："是柯维先生吗？"

"我是。"

"我是公路巡警，你现在在什么地方？"

他说："噢，我也不大清楚，刚才是我太太开的，现在换了我开。我都不知道现在是在哪个州，大概是犹他州吧，但我也说不准具体在哪儿。警官，请稍等，我来问问我太太，她正在后排睡着呢。"

接着，他开始喊："桑德拉，桑德拉，我们现在是在哪儿呢？"

警官说："你好，柯维先生！我想她没法回答你。她现在坐在巡逻车里，就在我旁边。"

后来，我们终于追上了史蒂芬。我还以为他半路上肯定回过头呢，可他说："呃，我没回过头，因为我猜你半路会想停车去个洗手间之类的，所以我想，我要赶紧开车回家，免得你半路又要下车去洗手间。因此我一直没回过头，还以为你就在后排躺着呢。"

我们都下车以后，那个巡警还是一脸难以置信。史蒂芬说："呃，以后我有个精彩的故事可以讲给别人听了。"

警官说："你这人啊！等我先告诉警局里其他人！我才是真的有个精彩故事可以讲给别人听了。史蒂芬·柯维在大吵一架后，把太太甩在了高速公路上。"

这就是我丈夫，他把我甩在了高速公路上！没错，一段良好关系需要一点幽默感。

我不是由环境造就的,而是由我所做的决定造就的。

——史蒂芬·柯维

给自己一段心理空间

成长与幸福的关键

史蒂芬：

在夏威夷度学术假的时候，我在一家图书馆的书架间转悠，拿起一本书翻了翻，书里的几句话震撼了我：外界刺激与回应之间存在一段空间。在这段空间里，你拥有选择回应方式的能力和自由，你的成长和幸福正取决于此。

我脑海中一直萦绕着这几句话。我们的遭遇和回应之间存在一段空间。在这段空间里，你拥有选择回应方式的能力和自由，你的成长和幸福正取决于此。从一定意义上说，它们成了"七个习惯"的基础。

若干年后，我回去找那本书，想向作者致敬，但那家图书馆已经不见了。

其他人可能会伤害到你，甚至有可能是故意的，但正如美国前第一夫人埃莉诺·罗斯福所说："除非你自愿，否则没人能让你感觉低人一等。"外界刺激与回应之间存在一段空间。那就是你存在的空间，你享有完全的自由，能够决定自己要如何回应。在那段空间里，你将最终看清你自己，找到你最重视的东西。如果你刻意放慢脚步，就能再度与自我意识、对伴侣的爱、生活的原则建立联系，也能据此做出决定。

不幸的是，大多数人都没意识到这段心理空间。他们不懂得自己享有自由，所以会采取以下两种回应方式：或是表达愤怒，也就是大发脾气；或是根据错误信念压抑愤怒，觉得只要选择忽略，问题就会消失。谁都看得出压抑愤怒的迹象：嘴唇紧抿，一言不发，踱来踱去，如履薄冰。然而，无论是大发脾气还是拼命压抑都于事无补。如果你被这两个选项困住了，又能做些什么呢？

当然，还有第三个选项：你可以选择抛开那些感受。"觉得受了冒犯"是你做出的选择。它不是别人对你做的，而是你对自己做的。在做选择的空间里，你完全可以选择"没有受到冒犯"。别人无法羞辱你，只有你能羞辱自己。你无法控制别人的行为，但可以控制自己对别人的回应方式。专家们一致认为："比压抑情绪或情绪大爆发更健康的选择是转换情绪……忠于自己最深层的价值观，转换掉大部分的恐惧和羞耻——你完全拥有这种内在能力。"

你在刺激与回应之间做出的选择，会大大影响你与伴侣、父母、子女和朋友之间的关系。

我们拥有选择权

习惯一"积极主动"根植于"我们拥有选择权"这个信念。遵循自然法则行使的选择权越多，刺激与回应之间的空间就越大，你拥有的自由也就越多。你越是不行使选择权，或是不遵循正确原则行事，刺激与回应之间的空间就会越变越小，直到不存在一丝一毫的空隙。只有动物才会那样。动物没有选择权，完全由生物DNA及其训练或环境造就，因此无法重塑自我，但人类能做到。人类能够改造自己的生活，因为他们拥有自我意识。

自我意识是人类独有的特征。它是无机物加上生命，加上意识，再加上思考自己意识的能力。换句话说，它就是意识对自身的反省。因此，你有能力重塑自己的生活，重塑自己的经历。事实上，通过适当利用这段空间和这种自由，你可以治愈家庭带给你的创伤，开创全新的当下和未来。这是人类独有的能力或天赋，也是上天特殊的馈赠。

重点在于，在应付家庭生活、婚姻和抚养子女的时候，人们需要意识到自己拥有选择权。如果他们充分关注，时刻反省，就能审视自己的思维。他们甚至可以反思自己的感受，而这些感受不仅仅是他们的感受，不仅仅是他们的想法。他们可以超脱开去，做出选择。这正是习惯一"积极主动"的基础。

我的朋友布伦特·巴洛是一名家庭顾问，他提出："如果你想改善婚姻，请照照镜子。"如果我认为问题出在我的伴侣身上，那问题就在这里了。其实，问题的根源在于我是如何看待自己的。苏菲派著名诗人鲁米说过:"世人不审视自己,所以互相指责。"如果我认为,面对毫不理性、麻木不仁、令人厌恶的伴侣,自己是个无助的受害者,那我就否定了一个简单的人世真理:我享有自由选择权,可以选择对刺激做出什么样的反应。未经我的同意,谁也不能让我产生任何感受,谁也不能逼迫我做任何事。也许我无法控制自己的遭遇,但我能决定自己的想法、感受和行为。

很多人都忽略了这个基本原则。他们会抱怨说:"他把我气坏了。""她快把我逼疯了。"尽管其他人可能会伤害我,但说到底,我可以选择要不要扮演"受害者"这个角色。如果我陷入了"我是好人,伴侣是坏人"的思维模式,就只能从上述两个选项中二选一。如果我将自己视为受害者,就只能无助地抱怨说"这真是太不公平了",而不相信存在第三个选项。

反过来,如果我能看清自己的本真,能够独立做出判断,就能选择自己的回应方式。我可以选择用善意的话语做出回应,可以选择露出微笑,而不是感觉受了冒犯。如果我的伴侣今天过得不顺,所以脾气不好,我可以选择体贴和关心她,而不是抱怨自己今天多难熬,跟她比较两个人谁更痛苦。

我相信,上述洞察能挽救大多数陷入泥沼的婚姻。我可以选择打破怨恨的怪圈。我带进这段亲密关系的不光是文化,还有我自己。我不光是冲突中的"我方",也一直在寻找第三个选项。

基因、教育和环境会对你产生影响,但它们并非决定因素。

——史蒂芬·柯维

你有能力选择回应方式

将脑海中的图景化作美好现实

除了"自我意识"之外,还有另外两种天赋共同促成了习惯二"以终为始"。第一种天赋叫作"想象力"。如果你能摆脱包括记忆在内的历史(因为你的历史并不是你的全部),就能想象一个截然不同的未来,就可以开始重塑自己的人生,乃至重塑整个婚姻和家庭生活。

第二种天赋叫作"良知",也就是对于"是非对错"固有直观的认识。如果你将上述两种天赋结合起来,运用良知和想象力开启"以终为始",就能弄清自己想要什么样的未来。这能帮助你摆脱自己的过往，治愈家庭带给你的创伤。

人们生活中的大多数问题都是家庭文化的产物。甚至有研究表明，生物DNA受到孩子在母体内与母亲互动的经历，以及孩子本身思维过程的影响。这些经历将深深植入胎儿体内。一个人呱呱坠地后，就进入了被我们称为"文化DNA"的世界，而文化DNA置于生物DNA之上。

在当今世界上，"离婚"已成为一种流行病，而且普遍被人接受。有时候，人们甚至很愿意考虑分居或离婚。从这个角度思考问题的时候，人们会开始寻找离婚的理由，找出合理的借口。"合理化"意味着对自己说出理性的谎言。你会寻找证据来支持自己的结论和决定，因为你似乎很想摆脱可能是由另一个人造成的痛苦，或是你与另一个人之间独特关系带来的苦楚。于是，你开始放任这种疾病滋长。

我还记得，有一次我给"青年总裁组织"上课。那次大会为期一天两晚，宗旨是写出家庭使命宣言。有些家庭让十几岁的孩子也参与进来。最开始，是家长想要这样，也大力推崇这么做。但等到孩子们真正参与进来，想打退堂鼓的也是家长。因为他们知道，如果按照宗旨和价值观许下承诺，他们就会受到孩子的监督，要为这些宗旨和价值观负责，而这让他们心生恐惧。

于是，我问那些青年总裁和他们的伴侣，如果你所在的行业和公司出现了严重的营销策略问题，你会怎么办？那些人一下子就活跃了起来。显然，那些经验丰富的首席执行官每天都在处理类似的营销策略问题。我问他们，如果你把家庭摆在生活中的第一位，摆在像能节约资金、促进业务的营销策略一样重要的位置，那会怎么样？如果你优先考虑自己的家人，那又会怎么样？你会像解决营销问题一样充满活力、热情和想象力吗？他们这才恍然大悟。

我们就像终于发现了水的鱼儿。有时候在婚姻和家庭生活中，我们过于沉迷日常琐事，忽略了亲密关系的重要性。我们很容易觉得"生活就该如此"。

事实上，生活本该比那美好得多。

我们没有意识到自己拥有选择权，可以选择让生活变得更美好，选择重塑自己的人生，重新发现对伴侣的爱。我们拥有选择的能力，完全可以让生活变成一场激动人心的大冒险，变成一件真正能让人激动万分的东西，就像那些人谈论营销问题的时候一样。

那些总裁和伴侣渐渐开始意识到这一点。他们开始跟青春期的孩子讨论家庭使命宣言的时候，我能看出他们的态度有多么认真。写下使命宣言就是在意识与潜意识之间架起桥梁，因为在书写的同时，你也在锻炼自己的心理神经肌肉，这种运动能在你的潜意识中留下烙印。

史蒂芬：

我认识一位女士，她下班回家以后，会在进屋前停下脚步，花点时间想想自己的家人，在脑海中勾勒自己想跟伴侣和孩子一起创造的世界。然后，她会推开家门，将脑海中的图景化作现实。

学会倾听自己的良知

请试试下面这个练习。今晚上床睡觉前，写下你想要记得明早最先做的两件事，然后看看明天早上会发生什么情况。如果你将书写与"心灵演练"相结合，尽可能调动多重感官，就能在潜意识中留下深深的烙印。

接下来，用这个练习来想象你的婚姻。请充分发挥想象力，将所有感官结合起来，去观看，去聆听，去品尝，去触摸，去嗅闻。试着通过各种方式进行全方位的"心灵演练"，在脑海中勾勒你想要的生活，你想拥有的婚姻和家庭。聚焦于你真正想要的东西，适合你们两个人的东西。这就是倾听自己的良知。随着渐渐入定，沉浸在冥想中，你会发现自己的良知。通过入定、冥想和正念，你会感觉到什么才是适合自己的。通常来说，那会跟你拿到的"人生剧本"不大一样，跟伴随你成长的"文化脚本"也不大一样。

正如桑德拉先前提过的，那些是我和她在结婚前分别拿到的人生剧本。你也许会认为"生活就该如此"，但其中很多不过是错误的传统，或是根深蒂固、含蓄内隐的信念体系。你从来不会去质疑它，只会假定生活就是这样的。

我做现场演示的时候，经常会用到错觉图。我会先向屋里左右两侧的人展示不同的图片，然后向所有人展示第三幅图。在大多数情况下，看到第一张图的那一秒决定了人们将如何看待合成图，也就是第三幅图。那就像个立竿见影的文化脚本，从此人们将通过那个"透镜"解读一切。

人们也正是这么做的。他们逐渐失去了意识到生活是由自己创造的内在能力。他们意识不到可以在婚姻中创造出一种和谐、幸福、高效的氛围。这种氛围才是人类真正渴望的。你可以治愈家庭带给你的创伤，不必成为过往人生脚本和成长背景的产物。你拥有选择的能力。

这是一件了不起的事，也是一件令人兴奋的事。对我来说，仅仅是意识到这一点就让我激动不已——我能够选择自己对任何情境的反应。

生命向我提出了什么要求

在德国纳粹的死亡集中营里，维克多·弗兰克尔将问题从"为什么我要在这些人手里受苦？"变成了"生命向我提出了什么要求？"他认真聆听了自己内心的回答，意识到了其他人的需要。虽然缺乏过去享有的人身自由（包括食物和温暖），但他听见自己的良知在说："拿出你微薄的口粮分给别人，帮那个人活下去。"

弗兰克尔去世前不久，我和他通了电话。当时，他在奥地利住院。我表达了对他毕生事业的钦佩之情，赞美了他对包括我在内的许多人的巨大影响。他说："史蒂芬，你跟我说这些话，就像我快要不行了似的。我还在忙两个重要项目呢！"其中一个项目是跟一位传记作家合作，弗兰克尔将那个项目称为"生命的召唤"。这正是"良知"问题的本质：生命对我们有何要求？当生命召唤我们的时候，在可能对某事做出过激反应的时候，请在关键时刻暂停片刻，从一数到十，扪心自问："生命向我提出了什么要求？伴侣对我有什么要求？我的孩子们现在需要什么？"然后，认真聆听内心的回答，通过"心灵演练"想象那样的生活，在脑海中勾勒出自己的回应方式——体现习惯二"以终为始"精髓的回应方式。

每个人都拥有四大天赋——自我意识、良知、独立意志和想象力。它们赋予了我们人类的终极自由——选择的能力。

——史蒂芬·柯维

人类四大天赋

拥有独立意志

上天赐予人类的第三种伟大天赋是"独立意志",这也是习惯三"要事第一"的精髓。习惯二"以终为始"告诉了你什么才是"要事"。

人生目标和价值体系是你能做出的最重要的决定,因为它们统辖着其他所有决定。做出上述重要决定之后,关键就是忠于这些决定而活,而这需要意志和自律。通常来说,这意味着你必须迎难而上,与极为强大的力量做斗争,其中就包括强有力的文化脚本。它会夺走你的本真,使你意识不到自己其实拥有可以运用的独特天赋，而运用这些天赋能够提升一个人的能力、自由、幸福、生产力，进而创造自己的生活。这就是为什么"独立意志"成为习惯三"要事第一"的精髓。

人类四大天赋

关键在于人类四大天赋之间的协同互动。

- 自我意识，意味着你可以超越自己的生活、情绪、感受或思想，从旁观察它们。
- 良知，意味着你可以设想不同的应对方式，以全新方式重塑自己的回应。
- 想象力，意味着你可以通过全新方式重塑自我。
- 独立意志，意味着你可以充分发挥以上三种天赋。四大天赋在你身上统合综效，正是创造美好生活的关键。

这也是做到"要事第一"的关键。家庭关系是生活中最重要的一种关系。如果你关注过人们的临终遗言，就会发现，他们真正想谈论的是挚爱之人。在所有关系中，最重要的是与配偶的关系，也就是婚姻关系，它是需要摆在第一位的关系。

前面提到的三个习惯使你能够统合综效，创造自己的生活，把你从过往经历、周遭环境和别人的弱点中解脱出来。你可以学会宽恕他人，也可以学会寻求他人的宽恕。

为了弥合破裂的关系，我们必须首先探究自己的内心，弄清自己的责任和过错。

——史蒂芬·柯维

实践你的自由，定期使用

我演讲的时候常常问观众，台下有多少人会弹钢琴？通常有5%的人会举手，有时能达到10%。我又问，有多少人琴技娴熟？通常能有1%到2%。然后我再问，有多少人学过钢琴，但后来放弃了？有时能有三分之一，有时甚至是一半。我接着说，我也是其中一个。我还记得去老师家上钢琴课，一下课就把乐谱扔进灌木丛。等到下周上课的时候，我再钻进灌木丛，找出乐谱，然后走进屋里学琴。最后，老师告诉我父母："你们是在史蒂芬身上白白浪费钱。因为他更喜欢弹琴而不是练习，而他只有在上课的时候才弹琴，所以他永远不会有所进步。"

我这么做的结果是失去了弹钢琴的自由。

那么，寻求他人宽恕的自由呢？宽恕他人的自由呢？不需要别人提出就主动宽恕对方的自由呢？不觉得受了冒犯的自由呢？将四大独特天赋协同起来，创造自己生活的自由呢？重塑自己生活的自由呢？瞧啊，世界上还存在其他自由，但它们像弹钢琴一样，都需要练习，还需要定期使用。

不断练习，不断反思

我的手腕上戴着一条手链，上面是我们的家庭使命宣言。它是用全家人都知道的密码写成的，大体意思是"我们通过服务他人侍奉上帝"。重点在于，"服务"是生活的真谛。它有时会带来不便，有时需要做出牺牲，但它是幸福快乐的基础——不一定是身心愉快，但必定是幸福快乐。滋养婚姻，滋养家庭，意味着先考虑别人的需求。当你为别人的需求而不是自己的需求服务，学会从别人而不是自己的角度看待世界时，就能形成一种伟大的能力。这种能力是通过练习"外界刺激与回应之间的空间"培养出来的。

这意味着你需要暂停，停下，再暂停，反思自己的想法。你会渐渐意识到自己的倾向，想象并运用自己的良知，以便做出更好的回应，然后据此采取行动。这需要练习，就像练习弹钢琴一样，练习变得更仁慈、更敏锐、更善解人意、更统合综效。在我看来，这就是幸福快乐的基础。

离婚的七大代价

我曾给洛莉·福尔克（Lorie Fowlke）的作品《想离婚？请三思》（*Thinking Divorce? Think Again*）写过序。那本书真是太有趣了。福尔克是一名离婚律师，大部分时间忙着处理别人的婚姻和家庭问题。她意识到，有时候人们确实需要认真考虑离婚。但她希望人们能三思而后行，将离婚视为万不得已的最后手段。她希望人们能改变关注焦点，将精力、智慧、思想和创造力用于维系婚姻。她在书中谈到了离婚的七大代价或后果，以及可能会发生什么事。

1.资产受损。离婚需要花很多钱。争夺资产控制权是一场拉锯战，你将为此付出代价。你必须找一名优秀的律师，还要支付拉锯期间的所有开支。

2.新的后半生。离婚会导致你的生活质量降低。一个家没法分成收入相等的两个家。孩子们会有两个家。银行才不在乎你有没有离婚呢，银行贷款可不会消失。

3.伤痛。离婚会带来情感上的打击，无论是当下还是未来。离婚前和离婚过程中都充满伤痛。错过假期、家庭传统和各类活动会带来持久的痛苦。最终的恢复过程也可能痛苦不堪。

4.影响效率。离婚会对你的工作产生负面影响，甚至影响到生活的方方面面。你会很难集中精力，这会导致你做事的效率降低。父母双方都不得不上班赚钱，无法全职在家陪伴孩子。

5.负罪感。这是我的错吗?离婚会给孩子造成精神创伤。你会因为让孩子感到痛苦、失去纯真而心怀愧疚。孩子的态度就像镜子一样,反映出了父母的态度。大多数离婚都会导致冲突。

6."自由"的迷思。离婚会让你的生活变得复杂。离婚并不意味着配偶将远离你的生活,孩子会将你和配偶永远联系在一起。背着"包袱"跟其他人约会也是件棘手的事。

7.离婚会对社会造成破坏。尚未解决的冲突会影响下一代。身处离异危机的父母不会去当志愿者。个人的自私决策会破坏整个社区。

身为离婚律师的福尔克根据自己的丰富经验,详细解释了离婚的七大后果。

书中提到:

如今的研究证实,"离婚能使婚姻不幸的成年人变幸福"的说法纯属假的。芝加哥大学的研究人员指出,婚姻不幸的成年人离婚五年后,并没有比同样婚姻不幸,但没有离婚的成年人更幸福。美国价值观研究所的一项研究显示，婚姻不幸但没有离婚的成年人中间，有三分之二在五年后表示自己更幸福了。事实上，说自己的婚姻"极其不幸"的人中，有80%在五年后表示自己婚姻幸福。这项研究中最令人震惊的统计数据显示，如果一对夫妻现在不幸福，但五年后还生活在一起，感到幸福的概率是64%；如果双方选择离婚并与其他人再婚，感到幸福的概率则只有19%。

福尔克得出的结论是：

意识到你的家人和社区都会遭受创伤后，选择离婚还是不是值得？如果你仍然确信这么做是值得的，那么你可能属于少数应该离婚的人。但如果你心存疑虑，犹豫不决，或是认为离婚可能导致毁灭性的剧变，无法带来你想要的喜悦、平和或安宁，那就请三思而后行。

在亲密关系中,小事就是大事。

——史蒂芬·柯维

公众领域的成功

现在,我们来看看接下来的几个习惯。这三个习惯涉及公众领域的成功。

习惯四叫作"双赢思维",建立在相互尊重、互惠互利的基础之上。这意味着,你总在思考双方之间的和谐一致,家庭内部的和谐一致。

习惯五叫作"知彼解己"。所有人都希望得到别人的理解,这是与生俱来的。

习惯六叫作"统合综效"。高效能人士关注自己的长处，也赞美并发扬别人的长处。通过尊重并重视人与人之间的差异，整体能够大于各部分之和。高效能人士能够与其他人携手合作，创造出解决问题的第三个方案，胜过任何一个人光靠自己想出的方案。

从"我"到"我们"，寻求双赢

很多人都意识到，"结婚或生子最麻烦的地方在于，它会改变你的整个生活方式，使你不能再只关注自己的日程安排和优先事项。你必须做出牺牲，必须考虑他人，考虑满足他们的需求，让他们感到幸福"。

这个说法千真万确。不过，如果你真心爱着另一个人，双方都拥有打造"我们"的使命感，那么牺牲就不过是"舍小我，为大家"。家庭正是由从"我"到"我们"的转变造就的！

想要让每个人都得到最好的，加上愿意为了实现目标做出牺牲，这才是真正的双赢精神。

你也许亲眼见证过激情四射、浪漫无比的婚礼，也看到过美满的婚姻逐渐变质，最终以痛苦告终，或是曾经关系密切的亲朋好友一刀两断，并为此深感遗憾。

如果你认真想想看，那两个人其实并没有改变多少，只是没能从"独立"走向"互赖"。但如果他们能共同成长，不断积累的责任和义务就会让他们团结起来，建立深厚的羁绊。

基本原则是：另一个人重视的东西必须也是你重视的。换句话说，你内心深处会说："我深深爱着你。如果我自行其是，害得你不开心了，我也会不开心的。"

有些人可能会说，这么做是放弃、屈服或妥协，但事实并非如此。你只是将焦点从某件鸡毛蒜皮的小事，转移到了"你所爱之人的价值"和"双方关系的质量"之上。在外人看来是"舍己为人"的做法，实际上是一种双赢。

在某些情况下，对你来说很重要的东西对其他人同样重要。因此，你们需要迈向"统合综效"——寻找到某个崇高的目标，使双方团结一致，共同寻找更好的行为方式。但你会发现，在上述情况下，最终结果永远是双赢。

"双赢"确实是高效能家庭互动的唯一坚实基础。

如果我们能将对方视为不断变化、持续成长、善以待人的人，也就是始终牢记目标，坚持以终为始，就能拥有追求双赢的动力并信守承诺。

练习移情聆听

没有多少人学过站在对方的角度聆听。我常常问台下的观众，有多少人接受过训练，学过站在别人的角度聆听？通常在数百名观众里，只有五到十个人举手。我问那些人，你们是做什么工作的？他们一般是老师、教练或心理治疗师，接受过正式培训，学习过移情思考。

我们在夏威夷度学术假的时候，在骑本田90越野摩托车的每日兜风之旅中，有过一次极为深刻、触动人心的体验。当时，桑德拉的父亲刚刚去世，我们聊起了这件事，还有其他一些事。有一件小事导致我们关系紧张，那就是她对北极牌电器的执念。无论我们住在哪里，瓦胡岛还是檀香山，我们总得开车去很远的地方，寻找卖北极牌电器的店铺。在我看来，这么做实在是太不理智了。我甚至翻了不少消费类杂志，分析比较了所有品牌的优劣之处，但桑德拉就是不肯放弃北极牌。

在一次兜风之旅中，我们聊起了这件事。她提到，她父亲当过老师和教练，也做过家电生意。结束忙碌的一天后，他会筋疲力尽地回到家，躺在沙发上。桑德拉会唱歌给他听，这会让他备感安慰。桑德拉说起这些往事的时候，我能感觉到她眼中涌出了泪水。接着，她谈起了父亲的家电生意。当他们真正陷入困境或是现金流出问题的时候，北极牌电器的制造厂商允许他们赊账进货，帮他们渡过难关并重整旗鼓。谈起那件事的时候，我能感觉到她非常动情。

我意识到，那段经历塑造了她的性格。北极牌电器对她父亲很重要，她父亲对她很重要，而她父亲刚刚去世。这让我感觉自己愚蠢、自私又贪婪。

事实上，我相信伴侣间和家庭里几乎所有的问题都源于自私。这时，我意识到了自己是多么麻木不仁、多么缺乏同情心。这件事让我惭愧不已，它教会了我：要用心聆听，不光是聆听别人说的话，还要聆听那些话背后的感受。找出话语背后的内容，对它们表示尊重。请注意，那些东西影响了对方的一生。不要急于下评判，要耐心收集数据，运用左脑进行逻辑分析。

那次体验对我影响深远。它教会了我，正如身体需要呼吸空气，心灵也需要得到别人的理解。如果你抽干屋里的空气，其他需求就会不复存在。只有当内心被人理解时，一个人才能敞开心扉去影响他人。

寻找第三种解决方案

习惯六"统合综效"意味着，通过与另一个人的互动，你可以提出第三种方案，胜过任何一个人光靠自己提出的方案。妥协意味着1+1=1½，"统合综效"则意味着1+1=3或10或100或1000。它会将你与另一个人紧紧联系起来，因为你们共同创造出了它。它还会创造出一套免疫系统。一旦你们在某个问题上培养出了"统合综效"的能力，就可以将它运用到今后遇到的所有问题上，无论具体是什么问题。

这是亲密关系和家庭生活的基础。为孩子们树立"统合综效"的榜样同样重要。如此一来，他们就能学会与别人携手合作，找出更好的第三种解决方案。

它是全新的事物，超出你们固有的思维框架。因此，你们必须携手打造第三条道路。

这意味着你要暴露弱点，敞开心扉，充分展现同理心。当你将自己脆弱的一面与同理心结合起来，再为双方的关系投入精力时，就能从消极防御、地域主义变成积极创新、开放富足。这意味着"富足"是一种心态。你一个人并没有所有正确答案，而且你珍视自己的与众不同！双方都会为这段关系带来不同的家庭文化、教育背景、行事风格。当你聆听这些差异并重视它们的时候，就创造出了全新的第三条道路。这正是双方羁绊的起始之处。全新的解决方案就此成形，使你们感觉和谐统一，免疫系统也得到了强化。这就是习惯六，也就是第三条道路的诞生。

从某种意义上说，我们可以将上述内容总结为"第三种解决方案"。它既可以通过人类的四大独特天赋（自我意识、想象力、良知和独立意志）的协同互动来实现，也可以通过实践习惯四"双赢思维"、习惯五"知彼解己"和习惯六"统合综效"来实现。

给自己留出时间

习惯七"不断更新"反映了你对伴侣、其他家人和自己的身体、心智、社交/情感、精神健康的关注。

我和桑德拉学会了一起健身、骑自行车和游泳。一起做我俩都喜欢的事，是一种令人满足的体验。

我们都热爱阅读。她读的书跟我读的类型不同，我喜欢读理论书籍，她则喜欢看小说和政治著作。我们会分享从不同书里学到的知识。

我们还学会了深入交谈、参加课程，通过听讲座共享学习经历。这是在心智层面上的"不断更新"。桑德拉对艺术很感兴趣，我则对写作感兴趣。我们从各自感兴趣的活动和爱好中收获了"统合综效"的好处。每天清晨和傍晚，我们会手拉手并肩祈祷。我们还会一起冥想和学习，思考如何选择宗教读物。这使双向沟通成为可能——事实上是"三向"沟通，其中包括我们两个人，以及创造我们的上帝。

在社交层面上，我们通过陪伴孩子和孙辈、与亲朋好友共度时光来实现"不断更新"。由于我们参与的项目太多，常常不得不推掉突如其来的邀约。

凡是重品行讲操守的人,都拥有深厚牢固的根基,他们能够抵御生活的压力,不断取得进步。

——史蒂芬·柯维

ular}
第2部分

打造高效能沟通文化

我想介绍一下我最好的两个朋友——约翰和简·柯维。其中一个人我认识的时间比其他任何人都要长，那个人就是我亲爱的弟弟约翰。约翰和简在婚姻和家庭中实践并运用七个习惯，围绕它们打造了自己的职业生涯。

检验七个习惯

约翰：

欢迎来到约翰和简·柯维针对"高效能沟通的七个习惯"的问答环节。在这一部分，我们将运用举世闻名的"七个习惯"探索如何改善各类关系，尤其是组建家庭的伴侣关系。

请先深吸一口气。无论你如何定义自己的婚姻或伴侣关系，这段关系都是两个人的结合，两个成年人承诺要共度一生，无论有没有孩子。我们明白，有些人心存疑虑，不知道婚姻是不是真的适合自己；有些人在考虑结婚；有些人带着孩子再婚，遇到了再婚家庭带来的种种挑战；有些人在努力寻找方法，想让自己拥有的关系变得更幸福。

我们传授的是经久不变的普适原则，这些原则已经造福了世界各地许多人。因此，无论你身处何种情境，下列内容都将帮你变得更幸福。

我们要向你发起一项挑战。请从"七个习惯"中任选一个，持续实践二十一天。我们向你保证，如果你挑战成功了，你做出的选择将让自己和家人的生活变得更幸福。这是我们的承诺。

婚姻/伴侣关系的四个C

在简要回顾高效能关系的七个习惯之前,我们需要将它们纳入婚姻的"四个C"框架:

- 承诺(Commitment)
- 品格(Character)
- 沟通(Communication)
- 陪伴(Companionship)

习惯一、习惯二和习惯三打造"承诺""品格"。
习惯四、习惯五和习惯六打造敞开心扉的"沟通"。

习惯七打造无私的"陪伴"。

接下来,我们先来看看"品格"和"承诺"。彼此许下承诺带来了一种全新的思维方式,有别于童年时代和单身生活期间的思考方式。

大多数人迈入浪漫关系时都有一种错误的观念、一种错误的思维方式。他们认为,婚姻或浪漫的伴侣关系是个美丽的盒子,里面装满了自己渴望的一切:陪伴、亲密、友谊、孩子。他们认为,自己从此会过上幸福的生活。但事实上,双方之间的承诺最初只是个空盒子,你必须先往里面放东西,然后才能从中取出东西。爱存在于人的心中,是人将爱带进了彼此的关系中。人们必须将浪漫注入亲密关系。伴侣双方都必须学习爱的艺术,养成给予、奉献、赞美、相互支持的习惯,让盒子永远是满的。如果你取出的东西比放进去的多,盒子就会变得空荡荡的。

信守承诺，彰显品格

简：

美满的婚姻意味着，无论是在顺境还是逆境，都需要信守承诺，也需要彰显品格。品格是由习惯一、习惯二和习惯三塑造的。

为了解释说明这一点，我选择了心理学家玛丽·皮弗的作品《暴风雨中的避风港》（*Shelter From the Storm*）里的一个故事。那是一个关于爱的故事，故事主人公是一对遇险的夫妻，他们的品格和相互之间的承诺救了两人的命。那是报纸上的一则报道，讲述一对父母带着孩子们在山间徒步，在瀑布旁遭遇了致命事故。一家人走着走着，母亲突然脚下一滑，掉进了河里，河的下流就是瀑布。她的丈夫和孩子们在岸上眼睁睁地看着，惊恐万分。为了防止被河水冲进瀑布，母亲卡在了两块巨石中间。父亲和岸上的其他人试图搭人梯去救她，但湍急的水流导致救援行动夭折了。其他人试着把皮带和衣服结成绳子抛给她，可惜绳子断了。后来，她丈夫只在腰间系了一条细细的尼龙绳，就跳进了冰冷的河水里。不幸的是，那条尼龙绳也断了，夫妻俩被困在了瀑布上游的水流中。岸上的人们看见丈夫将妻子抱在怀里，用身躯抵挡水流的冲击。夫妻俩在水里被困四十分钟后，丈夫累得几乎抓不住巨石了，但妻子冷静地轻声劝慰，帮助他保持清醒。最后，一名护林员穿上潜水服，腰间绑着绳子，让岸上的陌生人拽住，下水缓缓朝那对夫妻走去。另一名护林员则走进了瀑布下面的河里，万一两人不小心掉下去，可以及时接住他们。冻得够呛、疲惫不堪的夫妻俩猛地朝水中的护林员跃去，后者抓住了他们，并在其他护林员的协助下将他们拽上了岸。护林员给他们喝了一些热饮，以防他们体温过低，然后用直升机将他们送进了丹佛的一家医院。护林员告诉岸上惊恐的孩子们："你们的爸爸是个英雄，他救了你们的妈妈。"

在我看来，这是一个爱意融融的故事。在遇到危机的时候，丈夫做了家庭成员该做的事。为了挽救妻子的性命，他只系了一条细细的尼龙绳做安全保障，就走进了瀑布上方冰冷的河水中。妻子也做了家庭成员该做的事——在希望渐渐消失，丈夫打算放弃的时候，她劝说丈夫坚持下去。

我对这对夫妻一无所知,不知道他们在遇到这场危机前有过什么样的经历。我只知道,他们共同养育了几个孩子。我只知道,丈夫看见妻子遇到致命危险的时候,不顾自身安危,走进冰冷的河水去救妻子。随后,妻子的内在力量又拯救了丈夫。这就是夫妻之间的爱。我们会发生口角,会持不同意见,但我们也会冒着生命危险去拯救对方。

你能够克服艰难险阻

　　这本书讲的是希望,是两个各有缺陷的人如何走到一起。尽管对很多小事乃至某些大事持不同意见,他们还是会走进冰冷湍急的河水去拯救对方。这本书适合那些本身并不完美,但愿意为了挽救婚姻步入激流的人阅读。

约翰:

　　我将为你提供一些工具,帮助你步入婚姻与家庭生活的激流。它们不是即刻见效的"创可贴"。你需要以全新的方式看待自己和伴侣，也需要做出全新的承诺。你可以通过练习掌握"七个习惯"。这是完全可行的。

但首先，你必须确定这么做是否值得。因为，如果不做出任何改变，你就不可能愿意为对方步入冰冷的激流。改变从你开始！

打造高效能沟通文化

伴侣双方的习惯加起来，就形成了沟通文化。以下两种沟通文化分别会给你带来什么样的感受？

第一种沟通文化	第二种沟通文化
消极被动：乱发脾气，责怪别人	**积极主动**：保持镇定，主动道歉
不定目标就行动：毫无计划，缺乏目标	**以终为始（先定目标后行动）**：目标明确
不重要的事先做：忙得没时间关注对方	**要事第一**：腾出时间留给对方
非赢即输：持续竞争对抗，与对方做比较	**双赢思维**：尊重对方的需求

续表

第一种沟通文化	第二种沟通文化
先寻求别人的理解：假装聆听，打断对方	**知彼解己（先理解别人，再争取别人的理解）**：相互聆听
贬低对方的长处：只关注对方的短处	**统合综效**：重视对方的长处
过着不平衡的生活：倦怠，停止学习	**不断更新**：实践，学习，享受乐趣

基于人类效能原则的七个习惯

人类效能原则永不过时，放诸四海而皆准，适用于各个国家和各类关系。

习惯一：选择、责任与主动性

习惯二：愿景、目标、承诺与意义

习惯三：专注、分清轻重缓急、自律与正直

习惯四：勇气、关怀与互惠互利

习惯五：相互理解、移情与信任

习惯六：创造力、合作、多元化与谦逊

习惯七：更新、持续改进与平衡

如果你想让生活略有改变,请调整你的行为方式。如果你想做出极为重大的突破,请调整你的思维模式。

——史蒂芬·柯维

习惯一：
积极主动——将选择与责任带进关系

我们将从习惯一"积极主动"说起。"承诺"和"品格"需要你做出选择——选择积极主动，而不是消极被动。

简：

为了解释"积极主动"和"消极被动"的含义，请想象以下场景。我手里拿着两个瓶子，右手是一瓶汽水，左手是一瓶清水。我会摇动这两个瓶子。请想象一下，两个瓶子看起来分别会是什么样。汽水瓶里会充满嗞嗞作响的气泡。清水瓶里可能只有水在打转，并没有出现太大变化。

请再想象一下，每个瓶子代表一个在高速公路上开车的人。两个人驾车并排行驶在车道上，突然有第三辆车横穿两条车道，导致上述两个人猛踩刹车。

充满气泡的汽水瓶代表第一个人，他的反应会是什么样的？他是不是快要爆发了？为什么？因为这个人是消极被动的，而不是积极主动的。他任由情绪控制自己的反应，而不是主动选择回应方式。

清水瓶代表的那个人呢？他会怎么做？那个人可能会抛开糟糕的感觉，恢复镇定，继续往前开。为什么？因为这个人是积极主动的。

那么，消极被动和积极主动的人有什么区别？消极被动的人会根据当下情况立刻做出反应，会不顾后果地采取行动。积极主动的人则会停下来，认真思考，根据自己重视的东西（也许是他的配偶和孩子）选择要做出什么样的回应。积极主动的人会说：我不会针对别人的行为做出反应，我能控制自己的思想、态度和行为。我不会因为别人对我做的事而焦躁不安，我不是受害者。

消极被动的话语会带来一个严重问题，那就是它会成为"自我实现的预言"。人们会感觉自己成了受害者，失去了自控力，无法掌控自己的人生或命运。他们会将自己的遭遇归咎于外部力量——他人、环境，甚至是星象。

——史蒂芬·柯维

亲密关系是为了使你的配偶或伴侣感到幸福，而不是让他们变得更好。你想不想知道，哪些方式能让你的伴侣感到幸福，而不是变得更好？

史蒂芬：如果我想拥有幸福的婚姻，就需要促成积极的"统合综效"。我在设计自己身份认同的同时，也决定了家人的命运。

进入婚姻或亲密关系的时候，人们很自然会抱着"我想成为什么样的人"的念头。我可以对伴侣或配偶抱有期待，但将自己的想法和期望强加给伴侣，则是一个巨大的错误。如果我爱对方，就会把对方摆在第一位，然后试着理解双方的差异。让爱人变成我脑海中"他该有的样子",就是物化对方,而人不是物品。俄国文学家陀思妥耶夫斯基说过,"爱一个人,就意味着将他视为上帝所期望的样子",而不是我所期望的样子。

爱不仅仅是对某人的一种感觉,还要愿意将对方视为独立个体。这就意味着,我们需要重视个体差异——不光是容忍它,还要赞美它,为双方之间的差异欢欣鼓舞,充分发挥各自的独特天赋。

迥异的兴趣、独特的天赋、古怪的个性,正是这些东西使生活和爱情如此令人着迷。请真正将爱人视若珍宝,将对方的不同之处视为天赐。正如美国著名情绪管理专家史蒂芬·史多兹所说,同理心能让"你对爱人的个性和弱点变得敏感。它会让你看到,伴侣是与你不同的人,有着与你不同的经历、性情和弱点,从某种程度上说,还拥有与你不同的价值观"。

相似不等于一致,同质也不等于统一。婚姻是一种理想的互补。两个才能迥异的人因为相爱走到了一起,欣赏对方截然不同的角色、观点和能力。

不要试图把你的配偶变得更好,而请试着使对方感到幸福。我们倾向于让配偶变得更像自己，仿佛自己的做法才是更好的。但正如我在自己的婚姻中学到的，这么做是轻视对方带进婚姻的独特礼物，永远都不可能奏效。与其试图将对方变成自己的复制品，不如欣赏对方的不同之处，与对方并肩前行，努力使对方感到幸福。

我想讲个小故事：有个女人决定跟丈夫离婚，因为他是个酒鬼，而她实在受够了。夫妻俩共同抚养孩子，而妻子再也不想这样过日子了。我用同样的说法劝导她："不要试图让他变好，不要试图改变他。请做他的指路明灯，不要妄下评判。请试着这么做，坚持三十天。"三十天后，她丈夫已经有两周滴酒不沾了。夫妻两人一条心，生活也更幸福了。

我问他们发生了什么事。丈夫说："我知道，她在试图用善意杀死我。"妻子说："起初确实是这样，但后来我渐渐养成了习惯，喜欢上了这么做。"丈夫表示："大约两周后，我也开始喜欢上了这样的日子。后来，我开始思考什么才是真正重要的。"

看到他们的婚姻被一盏指路明灯治愈了，真是令人欢欣鼓舞。这盏指路明灯就是一个无私奉献、心地善良、从不评判的人树立的榜样。

如果双方都在结束一段持续若干年的关系后，重新缔结了婚姻或伴侣关系，你面对的就是两个承诺"不再重蹈覆辙"的人。

约翰：我建议他们做的第一件事，也是最重要的事，就是学习"七个习惯"。阅读它们，研究它们。它们将为你提供全新的思维模式，从消极被动变成积极主动。它们将为你提供全新的技能，让你先寻求理解对方，而不是先得到对方的理解。它们会为你提供全新的工具，帮助你创建伴侣关系使命宣言，以便朝着这个目标努力。它们会教给你什么是"七个习惯"，让你看到"理解"而不是"评判"的重要意义。然后，习惯七"不断更新"将帮助你们一起重新开始。

我有个好朋友，他在第一任妻子去世后再婚了。我问他："娶个新人感觉怎么样？"他表示："我学到了一个伟大的真理，那就是，不要试图改变对方。我们还在约会的时候，就说好了不会试图改变对方。我们会接受对方，努力使对方感到幸福。这确实是个挑战,但这么做很管用。"

对于再婚家庭来说,我的经验是,习惯二对于婚姻成功至关重要。创建使命宣言,然后打造家庭传统,增加一对一相处时间,将它们视为承诺的核心,你们就会变得强大又团结,能够不惧激流,奋勇向前。

你有选择回应方式的自由

约翰:

消极被动的人没有"暂停键",会当即大发雷霆。积极主动的人则会按下"暂停键",思考行为的后果,他们会让自己冷静下来,然后根据自身价值观做出选择。

简单来说,如果你认为问题不是出在自己身上,这个想法本身就是问题。

积极主动的人会停止争论,深吸一口气,反思当下的处境。他们不会根据愤怒的本能行事,而会控制自己的怒火。他们会做点别的来分散自己的注意力,比如想想其他事,出门散步,听听音乐。他们会扪心自问:此时此刻,生命对我提出了什么要求？

简：

作为人类，我们拥有选择应对措施的自由。我们有自我意识，有想象力，有良知，也有独立意志。我们可以重塑自我，可以自愿做出改变，可以学习"暂停"。我们可以学习反思，观察自己选择的后果，也可以根据自身价值观做出选择。我们可以对自己的行为负责。所谓的"负责"，就是"能够做出回应"的另一种说法。

约翰：

为了说明这一点，我想举个例子。我和简结婚已经很多年了。几年前，我突然有所领悟。我发现自己下班回家后，会对简和孩子们持批判态度。我会说："天哪，家里真是乱糟糟的，你整天都在做什么呢？"

你觉得我这么做会带来什么后果？显然，我伤害了简，伤害了我们的关系，还会引起愤怒的反应。这源于一种陈旧的思维方式、一种错误的看问题方式。幸运的是，我改变了。我充分运用"自我意识"和"良知"这两大天赋，意识到了自己在做什么。

我的解决方案是，开门进屋之前，先在车道上按下"暂停键"。我开车回家，在迈出车门之前，会先在车道上停下脚步，心中默念："我关心和深爱的一切都在那栋房子里，这就是我每天去上班的理由。"然后，我再下车，走近屋子。我会抱着这种积极主动的全新思维方式，推开大门，张开双臂，大喊："嗨，我回来了，可别太激动啊！"简并不会停下手头在做的事，但我会哈哈大笑，抱起一个孩子，帮她做家务。我会走到简身边，问她："亲爱的，你还好吗？你今天过得怎么样？嘿，我怎么才能帮上你的忙？"

那么，要是我从来没学过怎么做到积极主动呢？要是我从来没学过管理负面情绪呢？要是我不顾后果，想到什么就说什么呢？

七个习惯的基础就是积极主动，而不是消极被动。积极主动带来的结果是相互尊重、相互欣赏、充满耐心和持久的关系。积极主动能建立信任。

品格源于人们互相做出的承诺,而婚姻是这一承诺的最高形式。

——詹姆斯·Q. 威尔逊,美国社会学家

你可以控制自己的回应

积极主动的思维方式指出,一段美满、健康、稳固的关系并不需要两个完美无缺的人,只需要两个人互相欣赏,加上一个人愿意做出必要的调整,以便双方能携手共度余生。

简:

很多人都认为,他们没法控制自己的本性。人们会说"我天生就脾气不好,我爸爸是这样,我爷爷也是",或是"迈克尼尔斯家的人都脾气暴躁,这跟基因有关",或是"嘿,我每天早上都脾气暴躁。我总是这样,习惯了就好,这是家族遗传",或是"是我的家庭环境让我变得这么神神道道。我本可以是个可爱又迷人的女人,但如果你认识我每天回家见到的那个男人，你也会变成这副模样的。这又不是我的错"。

事实上，每个人都受到遗传基因、童年经历或当下环境的影响，但我们不是由这些因素造就的。我无法控制父母所属的人种，也无法控制自己的身高，但我可以控制自己对这些东西的反应。你能控制伴侣的情绪、脾气或感受吗？当然不能。你只能选择自己的回应方式。

我和约翰曾给一家大型银行的员工做培训。培训结束后，我们走下观众席，想要见见大家，跟他们握手，凝视他们的双眼，找他们聊一聊，花点时间了解来听讲座的人。几分钟后，我发现自己站在一个男人身边。他离我很近，盯着我的眼睛说："你们刚才谈到了积极主动，如果说你一直都脾气暴躁，根本没法控制，那会怎么样？"

我凝视着他的双眼，回答说："那样的话，你的伴侣和孩子可能会恨你。"

他看上去很震惊，气冲冲地转身离开，因为我竟敢这么对他说话。我也转过身去，很惊讶自己竟说出了这么大胆的话。但我在听他说话，望着他的双眼时，意识到他能够根据自己重视的东西做出选择。

当你选择暴力和愤怒时，会对你的亲密关系造成多大的破坏？

在另一场活动中，我们刚讲完习惯一"积极主动"和"选择你的反应方式"，就有一位女士举手提问："我这人喜欢大吼大叫。你们是说，如果我不想的话，就用不着大吼大叫？"

全班异口同声："没错，用不着。"

第二天早上，约翰问全班人："昨晚有人说了或做了什么新鲜事吗？"

那位女士又举起了手："昨晚我回家以后，决定再也不大吼大叫了。我家里有丈夫、他带来的一个儿子，还有我们生的一个两岁小孩，每天从早到晚我都在冲他们大吼大叫。昨天晚上，我一次也没有大吼大叫。我做到了！"全班都鼓起掌来。

通过实践习惯一，你可以成为自己人生的驾驶员。你可以控制自己的想法，也可以控制自己说出的话。

实践习惯一：积极主动

接下来，让我们试着将习惯一付诸实践。

采取积极主动的思维方式时，请对自己提出以下问题：

- 在这段关系中，你想继续保持哪些积极主动的做法？
- 你想停止哪些消极被动的做法？
- 你是否相信，如果你主动而非被动地做出选择，就能为自己和他人带来幸福？

"积极主动"的定义：我们根据自己的价值观，根据自己重视的事物，来选择如何做出回应。

"消极被动"的定义：我们根据外界环境或外人，根据自己此时此刻的感受，来选择如何做出回应。

我们拥有选择的能力和自由，能创造出自己每天所处的天气。

——史蒂芬·柯维

关注影响圈

当你积极主动的时候，就是关注自己能够影响的事物，而不是担心自己无法影响的事物。这就是所谓的"由内而外"处事。

生活中的影响圈

请将你的生活想象成两个圈子：

- 关注圈：你在生活中关注但无法直接影响的事物。
- 影响圈：你在生活中能够直接影响的事物（尤其是你自

己），以及你能够施加影响的事物（例如信任）。

你生活中的事物可以分别纳入哪个圈子？

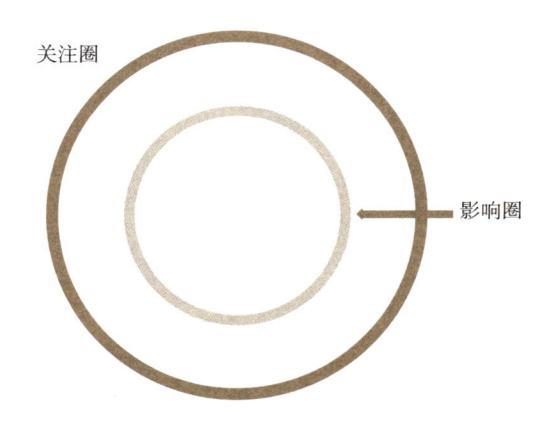

关注圈

影响圈

积极主动的关注：属于"影响圈"的活动

1.简要描述你在婚姻中极其关注、经常思考的情境。

_____
_____
_____

2.在上述情境中,你无法掌控的具体问题是什么?

_____
_____
_____

3.哪些事物是你能够掌控或施加影响的?

_____
_____
_____

如何做出积极主动的选择

在对情境做出回应之前,请充分运用你"选择的自由"。

1.暂停:按"暂停键"。

2.思考:什么才是积极主动的选择,这么做会带来什么结果?

3.选择:选择最佳回应方式。

你的遭遇　　　1.暂停　　　→ **积极主动的回应**
　　　　　　　　　2.思考
　　　　　　　　　3.选择

假设你的伴侣说了某些尖酸刻薄的话，惹你生气了。

请按照上述三个步骤，应对你在"影响圈"遇到的挑战。

暂停：下次发生这种事的时候，你会做些什么来按下"暂停键"？

思考：你的"影响圈"有哪些积极主动的回应方式？

选择：哪种回应方式能为你带来最好的结果？

_____

_____

_____

当我们真正意识到什么对自己最重要时,生活就会发生翻天覆地的变化。

——史蒂芬·柯维

习惯二：
以终为始——将目标与愿景带进关系

习惯一"积极主动"说的是，你要对自己的思想、态度和行为负责。你不是受害者，而是对自己的言行负责。习惯二以此为基础，提出了下列问题：

- 你会如何定义自己？
- 你的立场和主张是什么？
- 你重视哪些东西？

这是为了明确你是什么样的人，你的价值观是什么，你想如何履行亲密关系中许下的承诺。

毫无目标地拼拼图

简:

假设有人请你和伴侣拼一幅拼图,你之前拼过很多类似的,所以兴奋不已。你倒出一千块碎片,铺在一张大桌子上,然后拿起包装盒盖,看看要拼什么图案。可是盒盖上没有图案,只是一片空白。你都不知道要拼什么,怎么才能完成拼图?要是能瞥一眼要拼的图案就好了,哪怕只有一秒钟也好啊,那会改变一切!没有图案,你就不知该从何入手了。

现在,想一想你和伴侣的关系,是不是类似于那幅一千片的拼图。你知道你们要前往何方吗?你对自己的婚姻一年后、五年后的状况有清晰的认识吗?还是说,你根本毫无概念?

为伴侣关系制订飞行计划

习惯一指出,你是自己生活的驾驶员,而不是乘客。习惯二指出,既然你是驾驶员,就该决定你们两个人要前往何方。请绘制一幅通往目的地的地图。

- 你们喜欢待在一起吗?
- 你们为什么想要在一起?
- 遇到难关的时候,你们为什么想要努力克服,而不是选择放弃?

在探讨习惯二的时候,你们已经创建了亲密关系使命宣言,并把它装裱镶框,挂在卧室里。它相当显眼,提醒你们许下的承诺——你们承诺在身体、心灵等方面忠于对方。

婚姻不仅仅意味着抚养孩子、分担家务或同床共枕,还意味着共同创造新生活。你们在打造一个充满象征、传统和仪式的家。在婚姻中,你们将渐渐学会欣赏双方扮演的角色。这些角色将你们聚到一起,让你们弄清"成为一家人"的真正含义。

你们要如何创建婚姻使命宣言？请选择一个静谧时刻，将注意力完全放在对方身上，提出以下问题：

- 你还记得小时候全家人共度佳节的情形吗？
- 你们家有哪些传统？
- 你把哪些传统带进了自己的小家庭？
- 哪些传统是你想带进小家庭，但目前还没做到的？

习惯二说的是定义你希望拥有的关系。我们希望这段婚姻在五年、十年后是什么样子？我们无法控制外界的情况，但完全可以掌控在自己家里想做的事。

婚姻经常偏离轨道！重点在于牢记目的地，不断回归正轨。

——史蒂芬·柯维

如何绘制婚姻蓝图

我们要从哪儿开始绘制这幅婚姻蓝图？首先，你们要分别回答，然后再一起回答下列问题：在你们的生活和婚姻中，最重要的是什么？你们需要弄清这个问题的答案。要是你们自己都不知道对你们来说什么才是最重要的，那又有谁会知道？如果你们两个人都说不清自己最重视什么，又有谁会来为你们做决定？难道是电视、电影吗？你们真的想让如今的社会文化来决定什么最适合你们的婚姻？三十年前的社会文化对家庭友善，如今的社会文化则对婚姻和家庭有害。

遇到难关的时候：应对不可调和的差异，维系这段婚姻。

史蒂芬：有些情况下，离婚缘于真正的背叛，如身体上的虐待或不忠，但大多数情况下，离婚都是一种消极思维方式导致的结果。在那种思维模式（或思维方式）的影响下，爱意会变成轻蔑粗暴。有些婚姻会演变成心怀恶意的大辩论。家庭成员会针锋相对，非要分出个输赢。有些家庭则饱受不那么明显、较为微妙的精神虐待的困扰，如低级的口角纷争、吹毛求疵和背后中伤。那就像不肯服输的竞争，看看谁能让谁更痛苦："如果你爱我，就会把车库收拾干净。""我一整天都在努力工作，结果你是怎么感谢我的？""你知道吧，他们也是你的孩子。"在不知不觉中，双方的隔阂逐渐加深，直到只剩下冰冷的沉默。

"合不来"常常被视为离婚的理由。这个词能涵盖一系列问题，包括经济、情感、社会、性爱等方面。但归根结底，问题出在怨恨而不是珍视差异："我们的看法从来没有一致过。""我不明白她是怎么想的。""他一点也不理智。"随着时间的推移，双方都陷入了绝望，离婚似乎是唯一的出路。

与此相反，只有伴侣双方珍视对方的差异，才能形成美满的婚姻。在他们眼中，双方带进婚姻的文化、怪癖、才能、长处、反应和本能，成为喜悦与创造力的源泉。丈夫缺乏耐心导致他不擅长记账，但顺其自然使得他诙谐风趣。妻子的矜持有时会让丈夫感到沮丧，但她的高雅风度使他既敬畏又着迷。正是因为他们珍爱对方，才能将幸福与尊严融为一体。

两个人结婚后，就有机会创造第三条道路，一种空前绝后的独特家庭文化。除了与生俱来的个人特质，伴侣双方还分别代表一种完全成形的社会文化——一套信念、规范、价值观、传统，甚至是语言。一个人的原生家庭，人与人关系深厚，但略显疏离，冲突不是被压抑就是私下悄悄处理；另一个人的原生家庭充满爱意且吵吵嚷嚷，冲突会像火山一样爆发，然后很快平息并被抛在脑后。如今，一种全新的文化诞生了，上述两种家庭文化被统合了起来。根据伴侣双方的思维模式，它可以是积极主动的统合，也可以是消极被动的协同。如果双方将个体差异视为威胁，那就会酿成大问题；而如果他们珍视个体差异，互相学习并探索对方带来的新事物，双方的关系就会茁壮成长。有人说："跟我太太结婚就像搬到国外生活。刚开始，渐渐熟悉陌生的习俗是挺有意思的。她对此也有同感。但现在我们知道，探索永远不会结束，这是最伟大的冒险。"

请注意，当我说"珍视差异"的时候，并不是说要忍受违法行为或令人反感的做法。如果对方有成瘾症状，或是对你施加精神或身体上的虐待，请及时寻求有关机构的帮助。如果你遭到虐待，就应该勇敢站出来，切勿拖延。

不过，在不存在违法行为的情况下，婚姻中还是会经常爆发冲突，因为两种文化会出现价值观、信念和期望的碰撞。人们结婚不是为了争吵或让对方痛苦，但有一半的婚姻破裂都是因为双方无法超越两种文化，开创欣欣向荣的第三条道路。

除了前面提到的几点，我还建议你们寻找一个双方都重视的东西，也就是一个更高的价值观。它能将你们两个人团结起来，促使你们超越无法调和的个体差异，尤其是危害性不大的差异。如此一来，你们面对的就是一个收敛性问题，而不是一个发散性问题。你们也就不会分道扬镳，而是会围绕更高的价值观团结一致，如孩子和他们的幸福成长。这也许能让你们将所谓"不可调和的差异"摆在次要位置。

实践习惯二：撰写关系使命宣言

约翰：

　　接下来，我们来将习惯二付诸实践。我们相信，如果你们始终牢记目标，探讨过共同的愿景，也清楚想要如何定义婚姻和家庭，你们做出的选择就能让自己和家人更幸福。

　　婚姻使命宣言涵盖了我们人生的主要目标和价值观。它能提供愿景和前进方向，还会提醒伴侣双方，在做出重要决策的时候，应该对什么说"好"，对什么说"不"。下面是一些夫妻撰写的使命宣言：

- 深爱对方。
- 互相帮助。
- 互相信任。
- 用自己的时间、才能和资源来支持对方。
- 一起敬拜上帝。

另一个人写道:

"这是平等的伴侣关系。我们要深爱对方,享受乐趣,边教边学。我们是一个团队。"

还有一个人写道:

"我们不会责怪对方,也不会妄加指责,只会问对方:你能解释一下,好让我理解吗?"

我们的使命宣言只有五个字:没有空椅子。这意味着,我们可能会因为分离或死亡而失去某人,但在情感层面上他永远与我们同在。我们希望每个人都参与进来。

那么你呢?请撰写一份能够激励你的使命宣言,将它裱好装框,挂在墙上。这是你们婚姻的蓝图,会提醒你俩，你们是什么样的人，你们希望五年后会是什么样子。

——简·柯维

配偶/伴侣活动

我们想请你们分开十五分钟，关掉电视和智能手机，找个不受打扰的地方，拿起一支铅笔，再找一张白纸，写下：我希望如何定义我的婚姻。请写满五分钟，中途不要停下，不要让笔尖离开纸面。不用担心语法或拼写，因为这是写给你自己看的。

然后，你们可以对比各自写下的内容，弄清你们都重视的东西，从中挑出一两句能代表你们婚姻价值观的话。

你们的价值观

对你和伴侣来说，哪些东西是最重要的？这个问题的答案非常关键，那就是你们的价值观。

价值观就是你对人、事物、原则的排序。请将下列句子补充完整，探索你们各自最重视的东西。

对我来说最重要的东西

1.对我来说最重要的三样东西_____

2.我特别钦佩的一种性格特征_____

3.我会不顾安危去保护的一样东西_____

我们一起做的事

4.用词语形容我希望伴侣如何对待我_____

5.我们结婚的两个主要目的_____

6.我想让伴侣知道的一件事_____

我们是如何尊重他人的

7.我们_____的时候,能让朋友们感到宾至如归。

8.我最喜欢哪一次我们为别人做的事_____

9.我希望人们这样形容我们的关系_____

如果你问我:"哪件事能给我的婚姻带来最积极的影响?"我会回答说:"跟你的伴侣一起撰写伴侣使命宣言。"这是你们能进行的最重要、影响最深远的领导力活动。

——史蒂芬·柯维

伴侣使命宣言

接下来,将你们各自的想法综合起来,撰写一份伴侣使命宣言。伴侣使命宣言就像你和伴侣遵循的章程,能帮助你们做出人生决策。它代表了你们家的目标和价值观,使你们能够根据伴侣双方都遵循的原则来塑造未来。使命宣言包括多种形式,有些长,有些短,它可以是谚语、词句、图画、诗歌,甚至是歌曲。请根据你们的关系量身定制。

请按照以下步骤进行

撰写伴侣使命宣言的三个基本原则

1.满怀敬意地倾听。

2.准确复述。

3.记录各种观点。

第一步:探索双方关系的内涵

与你的伴侣讨论以下问题:

1.我们现在是如何对待伴侣的?

2.我们作为团队能做出哪些独特贡献?

3.我们想要共同实现哪些重大目标？

4.我们分别拥有哪些独特的才能和技能？哪些是互补的？

5.我们想拥有什么样的生活？

6.我们是如何定义伴侣身份的？

7.哪些东西让你很想回家？

8.哪些东西对我们来说是真正重要的？

9.我们家的重中之重是什么？

10.我们希望自己的家庭遵循哪些原则（例如信任、诚实、善良、奉献等）？

其他需要考虑的问题包括：

- 我们想如何扮演父母的角色？
- 我们将如何对待伴侣？
- 我们将如何赚钱养家？
- 我们将如何对待孩子？
- 我想要成为什么样的伴侣？
- 我该如何鼓励并支持伴侣追求抱负、履行职责？
- 集思广益，将想出的字句和短语加入使命宣言。请记住，不存在所谓的"坏主意"。
- 开始提炼你们的宣言。但请记住，这不需要一口气完成。在双方都对结果感到满意之前，这项工作可以持续进行下去。
- 将宣言张贴在家中显眼位置，以便随时参考。在做决策或出现争议时，请将宣言纳入考量。

第二步：撰写伴侣使命宣言

优秀的伴侣使命宣言标准：
- 撰写时力争使其永不过时。
- 既注重目的，也注重手段。牢记双方想要的结果，弄清如何实现目标。

伴侣使命宣言的四个部分包括：

1. 希望打造什么样的家庭。
2. 希望对家庭成员有何影响。
3. 有意义的目标。
4. 明确的动力来源（原则）。

使命宣言注意事项：

1.不要着急。

2.不要强制宣布。

3.不要忘却。

再婚家庭如何撰写伴侣使命宣言？

由两个家庭组成的新家庭面临独特的挑战。如果准备充分的话，所有家庭成员之间能够建立持久而有意义的关系。撰写家庭使命宣言时，不妨考虑以下建议：先花一点时间撰写婚姻使命宣言，牢记你们两个人需要团结一致，成为全家的主心骨。重申你们组建再婚家庭的目标，就双方的长处、价值观和原则达成一致。弄清双方要如何组成团队，体贴地分担家中的领导责任。

讨论由谁负责管教孩子，以及管教孩子的时间和方式。就管教（而不是惩罚）孩子的具体方式达成一致，以便在保持亲密关系的同时矫正不良行为，帮助孩子成长。支持对方扮演家长的角色。晚上出门约会，定期共度两人时光。以身作则，给孩子树立榜样，展示你们希望再婚家庭拥有的价值观。整个过程可能需要花一点时间，但这可以建立起信任关系。

尝试跟每个孩子建立爱意融融的亲密关系。这也需要花一点时间。成为孩子真正的朋友和家长，定期往他们的"情感账户"里存款，如始终相信孩子，耐心倾听，做些温馨的小事。当你们双方都觉得跟孩子们建立了亲密信任的关系，孩子们也觉得父母会倾听并理解自己时，他们才可能敞开心扉，接受你们的影响。这就是撰写家庭使命宣言、建立共同家庭愿景的最佳时机。确保所有家庭成员都积极参与进来，这样每个人才能接受家庭使命宣言。请保持耐心，一步一步慢慢来。

作为祖父母，撰写伴侣使命宣言，应对空巢综合征。

结婚数十年并养育子女若干年后，你会进入一段特殊时期，身边只剩下自己和伴侣两个人。这可能会有点吓人，因为你们过去一直把精力放在抚养孩子上。

如今，你们有了孙辈。有人说："我见过巴黎夜晚的瑰丽灯火，也见过纽约夜晚的奇妙灯光，但都比不上我孩子带孙子孙女回家的光景。"享受二人世界确实很美妙，但老实说，如果你问我最幸福的时光是哪一段，那毫无疑问是跟孙子孙女共度、有他们陪在身边的时光。

成为祖父母之后，你们可以撰写一份使命宣言，内容涉及你们自己的生活，以及你们希望如何与成年子女和孙辈建立联系。请记住，有一件事永远都不嫌晚，那就是做成年子女的睿智父母，以体贴周到的方式帮助他们。他们需要你们，一辈子都会需要你们。哪怕他们嘴上不说，心里也会这么想。你们可以通过各种方式支援成年子女和他们的家人。在撰写祖父母使命宣言之前，请先复习并更新你们的婚姻使命宣言，以及你们作为父母和祖父母的家庭角色。想一想你们对未来的设想，认真考虑退休并为此做出规划，思考如何应对老去带来的挑战，包括可能在未来几年内丧偶。

祖父母也可以考虑撰写三代人使命宣言。请设想一下三代人共同参与的活动，包括假期、节日和生日。你们想组织哪些家庭活动，帮助全家人保持联系并维系关系？在撰写三代人使命宣言的时候，不妨将孩子和孙辈都纳入其中。

大部分人在紧急事件上花的时间太多,在重要事件上花的时间却不够。

——史蒂芬·柯维

习惯三：要事第一——共度一对一时间

我们需要将最重要的事摆在第一位。

简：

我想跟大家分享一个故事，故事的主人公是玛丽莎和路易斯。他们从巴西移民到了美国亚利桑那州，带来了四岁的双胞胎儿子和玛丽莎的母亲。他们租了一套公寓，又在附近给玛丽莎的母亲租了一间小公寓。路易斯在医院做勤杂工，玛丽莎也要外出工作，他们把两个儿子送进了日间托儿所。

几个月后，路易斯的工作受到好评，结果晚上比白天还要忙。玛丽莎努力工作，但收入微薄，还要照顾母亲，每天回家后都疲惫不堪。有一天，她接到了托儿所打来的电话，说两个男孩之间不仅经常打架，还跟其他孩子打架。玛丽莎和路易斯可谓疲于奔命，心力交瘁。

玛丽莎决定去医院找路易斯聊聊，但事先没有跟他打招呼。她沿着医院长长的走廊往前走，突然看见路易斯斜倚在墙边，跟一个漂亮的拉丁裔姑娘聊天，两人看上去关系不一般。玛丽莎看着那两个人，心想：有时候我都忘了路易斯是个帅哥。她还想：我和路易斯可能会离婚，如果我们离了婚，就会失去我们努力奋斗争取来的一切。

当天晚上，玛丽莎和路易斯深入地聊了聊，做出了一些重大决定。玛丽莎说："我想辞职。我工作很辛苦，薪水又少。我们可以接我母亲过来一起住，这样就能省下一笔钱。"两人还决定，不再送儿子们去托儿所，而是把他们接回家。

后来，被问起"最近过得怎么样"的时候，玛丽莎回答说："只靠一个人的收入养家不容易，但每当路易斯回到家，我都感觉很放松。"

"我们的生活从来没有这么美好过。每周日,我们都会带孩子们去公园。"玛丽莎和路易斯说,"我们的婚姻不是小事,而是首要大事。我们努力保持这种状态。"

在这个故事里,伴侣双方愿意坐下来促膝长谈,承认"我们现在的生活出了问题"。他们做出了积极主动的选择,做出了一些改变。或许你不会选择这么做,我也不会选择这么做,但这不是重点。重点在于,玛丽莎和路易斯改变了原有做法,始终把婚姻放在第一位。

为了将婚姻放在首位,你们可以做哪些事?

简:我们承诺留出一对一时间。你必须刻意安排一对一时间,因为不安排是不会有时间的。你必须说"这是留给我们的时间",有意腾出这段时间,然后珍视这段时间。

约翰:我们会事先计划留出一段时间,坐下来做周计划并分享各自的期望。请在日程表上写下对你们的关系最重要的人物和事件("大石块"),以便将"大石块"摆在第一位。所谓的"大石块"就是你心目中的首要任务,如你的信仰、配偶。

为最重要的事物留出时间

你要如何将婚姻摆在首位？如何做到"以终为始"？请留出一对一的时间，陪伴你的伴侣。你必须有意识地将你们的关系摆在第一位，每天都告诉伴侣，他/她对你有多么重要。你们要讨论互相许下的承诺，并不断更新那些承诺。我们还建议你们每周开一次例会，检查双方之间的关系。

如果你们刻意花时间独处，如每周一次，双方的关系就会焕发出奇妙魔力。为什么要说"刻意"？因为，如果你们不提前做计划，为此做出牺牲，就永远不会有一对一独处的时间。至少在当今这个忙碌的社会里，非刻意的一对一独处永远不会发生。

如果你下周有一小时的空闲，能够陪在伴侣身边，你可能会做哪两件事？对我们来说，周日清晨是最美好的时光。我还穿着睡衣的时候，约翰就会说："嘿，掏出你的日程表，我们来聊个十分钟吧。"有谁连十分钟都抽不出来？只要有一个人记着就行了。双方至少得有一个人牢记愿景。

为什么要共度一对一时间？为什么要每周检查双方的关系？因为，如果你不把这段关系摆在第一位，就不会重视你的伴侣，他/她就会无法信任这段关系。如果你觉得自己不受重视，也会很难信任对方。

为了婚姻美满，请将伴侣关系摆在首位

有人说，当今社会导致关系破裂的第一大原因，也是导致出轨的重要原因，就是双方没有将伴侣关系摆在第一位。人们会把时间花在事业、孩子、社区事务、兴趣爱好、体育运动上，却把伴侣视为理所当然。这是行不通的。换句话说，想要保持婚姻关系稳固，就必须把你的伴侣摆在其他所有东西（甚至包括你们的孩子）前面。

实践习惯三：规划留给亲密关系的时间

接下来，我们将习惯三付诸实践。我们相信，"要事第一"能帮助你做出更好的选择，让你和家中每个人过得更幸福。

把最重要的事摆在第一位，说起来容易做起来难，因为很多东西乍一看都很"重要"。请在每天早晨找一段静谧时光，远离尘世喧嚣，规划自己最重要的活动，其中包括留给你自己的时间，以及留给亲密关系的时间。

为"我们"留出时间

高效能沟通要做到"要事第一"，首先要弄清以下两点：

- 大石块：最重要的事。
- 小石块：不那么重要的事。

如果你不先把"大石块"放进日程安排，它们就会挤不进去。当你将"大石块"摆在第一位的时候，会感觉到内心的平静安宁。

——史蒂芬·柯维

给"大石块"留出时间

伴侣双方可能会忘记什么才是最重要的。关注"大石块"并据此采取行动，能够促进沟通并建立信任关系。大多数婚姻中的两个"大石块"是：

- 一对一时间。
- 打造传统。

大石块1：一对一时间

婚姻中大多数最重要的工作完成之后，就可以享受一对一时间了。它也是建立深层联系的时刻。

请回想一下你和伴侣度过的有意义的一对一时间,然后将以下句子填写完整:

我们共度的时光非常特别,因为:

_____
_____
_____

你的伴侣会喜欢哪些一对一活动?

写出那些一对一活动:

_____
_____
_____

大石块2:打造传统

你们共同打造过哪些特殊传统?

_____
_____
_____

那些传统如何让你们牢牢结合在一起？

_____

_____

_____

配偶/伴侣活动

1.如果你和伴侣目前没有用日程计划表，请立刻买一份（那会是个很棒的礼物。从长远来看，这笔投资会有大回报）。如果你和伴侣更喜欢电子产品，而不是纸质产品，那也没问题，市面上有各式各样的在线工具和软件资源。

2.请你的伴侣列一份清单，写出他/她做哪些事最浪费时间，以及他/她打算对此做些什么。

3.安排你们两个人独处的时间。此外，每周空出几个小时，留给全家人一起看电影、外出用餐、玩游戏、一起做饭——只要是适合你们家的活动都行。尽可能把这段时间空出来，把它变成一种家庭传统。家里每个人都应该在日程计划上空出这段时间。

在亲密关系中，小事就是大事。

——史蒂芬·柯维

习惯四：双赢思维——在关系中建立信任

约翰：

习惯四"双赢思维"说的不是损人利己，而是互惠互利，达成双赢。这就是"双赢思维"的含义。当伴侣双方从"双赢"的角度思考问题时，他们会说："我希望你能得到最好的结果，我也能得到最好的结果。"请记住，在婚姻中，任何一方的失败都意味着这段关系的失败。

> 简：

习惯四"双赢思维"说的是如何让亲密关系顺利运作。亲密关系就像银行账户——情感方面的银行账户。每天，你要么是往伴侣的情感账户里存钱，要么是从对方的情感账户里取钱。

下面是雪莉和勒华的一些存款和取款，他俩已经共同生活了十五年。

周六上午8：00：雪莉大喊："早上好呀，亲爱的，我做了你最爱吃的奶酪煎蛋卷。"

上午8：15："勒华，我洗完衣服了，把干净袜子和T恤衫叠好放在床上了。"

上午8：25："你那个无赖弟弟又来电话了，可能是又想问我们要钱了。他脸皮怎么这么厚啊？"

上午9：00："今天中午凯莉有足球赛，如果这次你能去就太好了，除非你又忙着看电视上的足球赛。"

下午5：30："谢谢你帮我洗了车，勒华，真是个惊喜！"

下午5：35："我妈妈打电话来，你忘了告诉我？真是谢谢了啊。"

下午6：00："你想带我们出去吃晚餐？嘿，你爸真不错啊！"

晚上9：30："关掉那该死的游戏，勒华，你就只对足球感兴趣！"

晚上10：00："你又把空罐子和餐盘放在地板上了！你这个懒虫！我又不是你的仆人！你就这么爱听我大吼大叫？"

如果你是勒华，在这一天结束的时候，会如何看待你们之间的关系？有起有伏？取款是不是超过了存款？

情感账户代表关系的质量

现在，反思一下你的伴侣关系。你是定期往伴侣的"关系银行"账户里存款，还是总在取款？你的一言一行是在往你们的信任关系里存钱，还是在往外取钱？请记住，为了建立稳固的伴侣关系，你每取一笔都至少需要存五笔。

有时候，我们以为自己是在往伴侣的情感账户里存款，但其实却是在从里面取款。

我们再来看看朱莉娅和艾尔。

朱莉娅和艾尔结婚三年，有个小宝宝。艾尔刚刚结束伊拉克的驻扎任务，回到美国。朱莉娅觉得他们需要出去度个假，享受二人世界。于是，她订了一家不错的酒店，打算来一趟有趣的加州三日游，孩子则交给她母亲帮忙带。度假回家两周后，朱莉娅碰巧听见艾尔跟他哥哥通电话："你知道我跟朱莉娅一起去了加州吧？我喜欢跟她在一起，但真的好想回家！"

艾尔挂断电话后，朱莉娅当面质问他："你说你迫不及待想要回家？"她都快气哭了，"你怎么会这么想？"

"对不起，朱莉娅，请听我解释一下，那趟旅行对我来说是什么样的。第一天早上，你说：'艾尔，这次旅行是送给你的，你想做些什么？'我说：'我们去游个泳，然后沿着海滩散步吧。'你说：'哦，不，我讨厌阳光，我的皮肤会被晒伤的，我们去逛街吧。''好吧。'我叹了口气。然后你又问：'艾尔，你今晚想去哪里吃饭？'逛了一整天商店以后，我提议：'今晚吃墨西哥菜怎么样？'你说：'不，我想吃沙拉自助。'好吧。周日早上，你说：'艾尔，今天你想去哪里？''打高尔夫，九洞高尔夫。''不，我想我们应该去打网球。'好吧，亲爱的，你每天都问我想做什么，但我们最后都去做了你想做的事。我很高兴跟你在一起，可是……"

"你为什么不告诉我？"朱莉娅大喊。

"因为你都计划好了。我爱你，想让你开心。"

朱莉娅心想：怎么会发生这种事？到底是哪里出了问题？我还以为那是一次完美的旅行呢。朱莉娅以为这次旅行对艾尔来说是一次存款，但其实却是一次取款。

为什么会发生这种事？是谁决定了什么是存款？是给予者还是接受者？朱莉娅为艾尔策划了这次旅行，认为一切完美无缺。她喜欢沙拉自助和购物，就以为艾尔也喜欢。请弄清对你的伴侣来说什么是存款，也告诉他/她对你来说什么是存款。

约翰：

大多数夫妇都很清楚，对伴侣来说一大笔情感存款是什么样的。但有些时候，他们也会把一笔取款误认为是存款。遇到这种情况时，伴侣双方应该说些什么？有时候，你只需要说："请告诉我，亲爱的，你更想要什么？然后我也会告诉你，我更想要什么。"这需要时间和聆听，真正的聆听。

存款和取款分别是什么

存款能建立并修复信任，取款则有损信任。请参考以下例子：

存款	取款
仁慈和善	尖酸刻薄
坦诚	撒谎
诚心道歉	道歉不真诚
忠于不在现场的人	背后说对方坏话
信守承诺	不信守承诺
始终信任对方	打破信任
宽恕	怀恨在心，伺机报复
严格遵循价值观	说一套做一套

请描述伴侣最近一次往你的情感账户存款的情形。那笔存款是什么？你有什么感觉？

_____
_____
_____
_____

列完这份清单之后，请与你的伴侣分享，也请他与你分享他列出的清单。

活动：与伴侣共建情感账户

我将进行的存款：
_____
_____

我将避免的取款：
_____
_____

简：

威廉和卡洛塔也遇到了一些挑战。让我们来看一看，他们追求的究竟是双赢，还是损人利己。

威廉和卡洛塔已经在一起二十二年了，两人没有孩子，住在城里。有一天，卡洛塔对威廉说："别邀请我去参加你们公司的聚会，想都别想。你的合伙人我一个都不喜欢，我跟他们的太太也没有共同话题。单身的合伙人我就更不喜欢了。"

威廉回答说："卡洛塔，这对我来说很重要。"

"不，我受够了。"

威廉知道她是认真的。

两个小时后，威廉说："嘿，卡洛塔，今年冬天我们去买个滑雪通票，周末去山上玩吧。"

"威廉，你还是跟你哥哥去吧。你知道我讨厌冷天，而且我再也不想滑雪了。"

没过多久，卡洛塔对威廉说："嘿，威廉，我买了几张交响乐季票，安娜不能跟我一起去了，你想去吗？一个月只用去一次，总共四个月。"

"不,"威廉回答说,"如果我要花这种钱,那还不如去看篮球赛。你还是找别人吧。"

卡洛塔和威廉追求的是损人利己。

考虑与对方达成双赢

高效能沟通有许多达成双赢的模式。健康的亲密关系源于双赢思维。高效能伴侣关系需要在"勇气"与"寻求双赢"之间取得平衡。

当你不再考虑损人利己,而是开始考虑双赢时,你们的关系会发生什么样的变化?这段关系的文化会发生彻底的改变。你会开始考虑"怎么做对我们最有利",而不是"怎么做对我最有利"。

在伴侣关系中,哪怕你认为某件事对你来说是"得",但如果对你的伴侣来说是"失",那么对这段关系来说就是"失"。如果它对这段关系来说不是"得",那么对你来说也不是"得"。你可能会这么想:我希望一切都是我的伴侣喜欢的,包括我们的住所、花钱的方式和我们做的事。但这种思维模式也并不健康,因为必须对双方都有利才行。健康的思维模式是："我希望这件事对你好，对我也好。我不想舍己为人。"

因此，我们必须聆听、分享和交谈。这需要时间、耐心和练习，但这么做是值得的，因为它能挽救你们的关系。在度假、球赛、金钱这些方面，我不知道你更喜欢怎么做。而且，除非我们好好聊一聊，耐心倾听，愿意理解对方，否则你也不会知道我更喜欢怎么做。

约翰：

我想知道你的喜好时，会说："我爱你，你对我很重要。"你想知道我的喜好时，会对我说："我在乎你，希望你能开心。"这就是在婚姻中追求双赢。

习惯四"双赢思维"鼓励婚姻中平等的关系。平等的关系意味着，任何一方都不应该试图支配对方。

实践习惯四：得到想要的结果

接下来，我们将习惯四付诸实践。

我们向你保证，如果你从"双赢"而不是"你输我赢"或"你赢我输"的角度思考问题，就能做出更好的选择，让你和家人过得更幸福。

双赢思维

"双赢"是指情境中的每个人都欢喜。请思考柯维博士的一句话。

从长远来看，如果我们不是皆大欢喜，就只会两败俱伤，这就是为什么在关系中"双赢"是唯一合乎实际的选择。

——史蒂芬·柯维

请设想一个你没有得到想要结果的情境，弄清对你来说什么是"赢得胜利"。再问问你的伴侣，对他来说什么是"赢得胜利"？

那个情境是什么样的？

对你来说什么是"赢得胜利"？

_____

_____

_____

对你的伴侣来说什么是"赢得胜利"？

_____

_____

_____

我们总是急急忙忙修正错误，而不是先花时间弄清问题所在。这就像强迫别人戴上你的眼镜，好让对方看得更清楚。

——史蒂芬·柯维

习惯五：知彼解己

探索沟通的核心

　　习惯五说的是先聆听，再开口。与此相反的是滔滔不绝，但很少倾听，甚至根本不听对方说。习惯五"知彼解己"说的是先聆听，抱着"理解对方感受"的意愿去聆听，不但要用耳朵，还要用心和眼睛去聆听。当你的伴侣感觉得到理解后，才轮到你开口说话。

简：

詹斯在一个小型奶牛场长大。他十四岁的时候，他的哥哥们要么结婚，要么上大学，全都离开了家，只剩下他和父亲一起经营农场。他和父亲每天都在农场上并肩工作，但从来不聊天。他们会谈论工作，但从来不分享自己的感受。詹斯喜欢看书，看各种各样的书。他讨厌农场的工作，但从来没有跟父亲分享过自己的感受。十八岁那年，他离家去上大学，离开了小镇、农场和家人，再也没有回去过。他的父母都是好人，生性善良，但他们一直不了解詹斯。

这是个彻头彻尾的悲剧。有没有可能人们生活在同一屋檐下但从不分享感受？从不分享感受的人不会感到被人理解，也最容易感到孤独。

约翰：

沟通是了解他人感受的关键，因为你不会像你的伴侣那样思考、观察或体验外界。你可以这么说："我想要了解你，所以我需要先聆听再开口，以便了解你对事物的看法和感受。你的看法对我来说很重要，我也希望你了解我是如何看待事物的。我希望，我们能分享自己的感受。"

简：

我想讲一个故事，故事的主人公是一位年轻的招聘官和他的妻子。他们的故事原本很可能以离婚告终。贾马尔是一家跨国公司的年轻招聘官，他和香特尔结婚三年，有个一岁半的儿子。贾马尔既聪明又勤奋，香特尔信任并深爱着他。去年，他们的婚姻承受了极大的压力，因为贾马尔经常出差，前往全国各地为公司招募人才。回家后，他通常疲惫不堪，一句话也不想说。

香特尔在家做兼职，陪着宝宝，觉得很孤独。她打电话给住在加州的母亲，说了自己的感受和现状："妈妈，你知道我有多爱贾马尔，我欣赏他的一切，但我很孤独。他结束招聘之旅回到家，进家以后只会说声'嗨'。我问他旅行怎么样，他只会耸耸肩，说'还行'。他不跟我分享他的世界，从不向我敞开心扉，这让我很难过。我需要倾诉，也需要聆听。我对他的工作感兴趣，但他什么也不告诉我。他从来不说他想我，也从来不说'我爱你'。我有一群很棒的朋友，他们都很支持我，但我需要一个真正的伴侣。我现在有点怀疑贾马尔是不是真的爱我了。我真的考虑过离开他，搬回娘家。"

两周后，香特尔又打电话给母亲，说了最近的情况：双方的关系越来越紧张，压得两个人都喘不过气来。

"贾马尔出差了一周，昨晚回到家，还是一句话也没说。我下定决心要离开他，回娘家。接下来，发生了一件事。我坐在客厅的沙发上，身边摆着打开的婴儿监控仪。贾马尔进家以后，径直走进了贾斯汀的卧室，低头看着熟睡的宝宝，开始低声对他说话：'我爱你和你妈妈，胜过世上的一切。对不起，我不得不经常离开你们。如果没有你们，我一天也活不下去。也许有一天，我会把我的感受告诉你们。'"

香特尔坐在客厅里，通过监控仪全都听见了。贾马尔刚走出宝宝的卧室，她就张开双臂搂住丈夫，说："我爱你，大个子，我就知道这段婚姻值得挽救。"

他们受损的关系得到了修复，因为双方都想要维系这段关系，也想要学习健康有效的沟通技巧。

伴侣双方分享感受和相互聆听有多重要？这需要时间，也需要技巧。你们需要不断学习，许下承诺，边做边学，再许下承诺，然后一遍又一遍地重复。千万别等到出现危机再这么做。

提问：

我很喜欢你们说的一句话：你们应该努力使对方感到幸福，而不是把对方变得更好。这让我想到，伴侣之间存在差异，双方都会做一些惹对方心烦的事。要怎么判断什么时候可以提起惹你心烦的事，什么时候最好选择忍耐并保持沉默？

约翰：

我们称之为"敏感线"。跨过敏感线的时候，你会意识到的，对吧？你要做的第一件事就是暂停一分钟，想想你的"自我意识"天赋。先考虑你的选择，再考虑这些选择的后果，然后根据自己的价值观，而不是根据环境、个性或遭遇做出选择。如果惹你心烦的是你自己的问题，那就请藏在心里。如果惹你心烦的事会伤及你们的关系，请在一对一时间委婉地提出，然后将"习惯五"付诸实践——倾听，倾听，再倾听。

史蒂芬：

我认为基本原则是让对方参与进来，共同拟订解决方案。换句话说，如果症结在于双方总是没时间讨论问题，而这对你来说很重要，那就请伴侣参与进来。也许对方的看法跟你的不一样，你可能需要更耐心、更善解人意。你们的关系渐渐会有所改善。

桑德拉：

我们刚结婚的时候，各自扮演的角色非常明确，对角色的认识也很清晰——这些事该女人做，那些事该男人做。我的大女儿生完孩子，带宝宝来看我们的时候，史蒂芬抱着孩子走下楼梯，还给宝宝洗澡、换尿布，我看见差点晕了过去。

我问史蒂芬："天哪，辛西娅人呢？"

"哦，我让她好好休息。"

我简直惊呆了，因为史蒂芬这辈子从来没有做过这些事。我还记得，以前每到周日我都会很生气，因为家里有那么多孩子，每周日我都想摆上精美的瓷器，让大家一起享用大餐。这么一来，孩子们就能体验每周一次的家庭传统。我独自准备一切，摆好餐具，把食材放进烤箱，而史蒂芬只会坐在车里，狂按喇叭。

我简直气得要命。就像你说的，有些事确实会惹你心烦。但随着时间的流逝，他渐渐变了个人。他想出了晚饭后的"十分钟计划"：每个人都要做十分钟家务。一个人负责把餐具放进洗碗机，一个人负责扫地。大家一起做清理，一起分担家务。后来，他也渐渐开始给孩子们帮忙。

在生活和婚姻中，你会渐渐变得心胸开阔，会不断学习并做出改变。随着时间的推移，随着不断往对方的情感账户里存款，你会不断接近那条敏感线，能够跟对方讨论一些事。我会说："要是你再在周日早上按车喇叭，你就死定了。"也就是说,你可以指出哪些事在惹你心烦,有时候甚至可以直言不讳。但有些时候,你懂的,你只能寄希望于一切最终会改变,情况会有所好转。就像前面提过的,最后我准备的晚餐得到了大家的三呼"万岁"。有时候,人要花一点时间才会改变,但他们确实会改变,所以说,你要心怀希望。

史蒂芬:

我花了五十年时间才学会她刚才说的那些。我们刚刚庆祝了结婚五十周年,我对她的爱远远超过刚结婚的时候。而刚结婚的时候,我还以为对她的爱已经不能更深了呢。

那么,你应该如何聆听,以便了解他人的感受?

以下是三个步骤:

1.花时间敞开心扉沟通——进行一对一的讨论。

2.避免"摔门"。

3.先聆听,再开口。

敞开心扉沟通

"摔门"只会阻碍沟通,这就是为什么在试图理解对方时,高效能人士会选择"推门"。

	摔门	推门
追问	追根究底	只提简洁的问题
评估	价值判断	不妄加评判
建议	好为人师	别人询问后才提出建议
打断	自以为是	保持沉默,用耳朵、眼睛和心灵去聆听
匆忙	急急忙忙,没空聆听	腾出时间来聆听

聆听者的意愿比技巧更重要

俗话说得好:"别人才不在乎你知道多少,除非他知道你有多在乎。"

还记得我提到过每周留出一对一时间有多重要吗?"知彼解己"不会发生在家族聚会上,也不会发生在你跟孩子们一起看《周一橄榄球之夜》(*Monday Night Football*)的时候。

简:

它可能发生在你们在黑暗寂静的房间里,躺在床上互相倾吐心声的时候;或是发生在你们外出散步的时候;或是电视机已经关掉,孩子们都已上床睡觉,你俩都还不太困,边享用美酒边聊天的时候。但请记住,你必须事先评估、计划并执行,必须刻意空出一对一时间。

约翰:

当你刻意空出了时间,终于是两人独处了,绝对不能对伴侣做以下三件事,否则他/她就会停止与你分享。

1. 不要好为人师。
2. 不要自说自话。
3. 不要妄加评判。

简：

没错，在婚姻中有的是时间做这三件事，但不要赶在你希望伴侣敞开心扉、分享感受的时候。

约翰：

我想告诉你一个有助于伴侣沟通的秘诀，它叫作"说话棒"。拿到棒子的人可以开口说话，在他说完之前，你都不能开口。然后，你要根据自己的理解复述他说的话。等说话者觉得你理解了他之后，就可以把棒子交给你。但只有当他觉得你真的听进去并理解了后，才能将棒子交给你。这有助于巩固双方之间的关系。

史蒂芬：

如果你跟所爱的人争吵起来，你可以选择感同身受、善解人意的回应方式。有一位专家说过："如果你惹恼了某位家庭成员，或是伴侣脱口而出的某句话让你不开心了,请将其视为一种沟通失误。它就像一份邀请函,请你弄清双方为什么会产生误会。"我喜欢这种方法。你可以决定是要感觉受了冒犯,还是去弄清你所爱的人对此事的看法。如果双方利用这个机会开启"统合综效",那么这种紧张时刻能使你们的关系更加稳固。

美国社会文化讲究直奔主题,重视解决问题。在这种文化氛围中,我们失去了洞察力,因为我们没耐心倾听对方独特的故事,倾听对方挣扎、痛苦、失落的复杂经历。我们自认为早已知晓一切。专家指出:"建立关系最大的难点在于,我们并非总是能清晰完整地看到对方的感受、思想和经历。这个问题在婚姻中尤为显著。在婚姻中,我们仅仅根据若干年(有时甚至只有几个月)的经验,就认为自己完全了解伴侣。"这导致我们对伴侣的故事不屑一顾,甚至闭目塞听。我们不是相互聆听,而是尽可能逃避冲突,这就导致了"移情缺失"。

实践习惯五：有效的聆听

接下来，我们将习惯五付诸实践。我们相信，如果你学会了"知彼解己"（先认真聆听，等伴侣感觉得到了理解，再开口倾诉），就能做出更好的选择，这些选择将让你和家人过得更幸福。

移情聆听

在各类人际关系中，有效的聆听尤为重要。为了让对方感觉得到理解，请运用你的耳朵、眼睛和心灵，感同身受地去聆听。

移情聆听的关键：

- 用你的耳朵、眼睛和心灵去聆听，注意对方的肢体语言以及说话的语气和措辞。
- 专心致志地聆听，通常你什么也不用说。
- 用自己的话复述对方的感受和言语。

练习移情聆听

移情聆听就是试着从对方的角度看问题。

双方情绪高涨的时候，最需要移情聆听。请感同身受地去聆听。

1.反思你听到、观察到、体会到的对方的感受。

2.用自己的话复述对方说的内容。

你似乎对_____（对方谈到的话题或内容）觉得_____（气愤、沮丧、悲伤、激动、紧张、尴尬、困惑、泄气等）。

请试一试，针对以下情境，写出移情回应。

伴侣1：你怎么还没去倒垃圾？我都跟你说过多少遍了？

伴侣2：你似乎对_____觉得_____。

带着尊重寻求理解

如果你想让对方理解自己的意思，请提供清晰直接的反馈，而不是进行人身攻击。

指导方针：

1.运用适当的肢体语言以及说话的语气和措辞，不要摆出高人一等的架子。

2.用第一人称（带"我"）的句式，将重点放在感受和内容上，而不是进行人身攻击。

错误示例： "你根本不在乎我。""你很过分。"——攻击

正确示例： "我觉得我被忽视了。"——建设性反馈

按照下列步骤，练习如何在各类情境下提出建设性反馈。

第一步：当我_____（例如：感觉不被信任，看见你一直打电话，等等）

第二步：我觉得_____（例如：伤心、愤怒、担忧、被忽视等）

单枪匹马,杯水车薪;同心一致,其利断金。

——海伦·凯勒,美国女作家

习惯六：统合综效——考虑双方的长处

"统合综效"是什么意思？它意味着1＋1≥3。

例如，如果你有一块2英寸（约合5厘米）宽、4英寸（约合10厘米）长的木板，它最多能承受300磅（约合136公斤）的重量。但如果你将两块2英寸宽、4英寸长的木板粘起来，它们就能承受超过1000磅（约合453公斤）的重量。为什么会这样呢？因为黏合后的木板强度大大超过原先独立的两块木板的强度之和。

"统合综效"就是团队合作，是庆祝差异。它是敞开心扉，携手合作，做出你一个人做不到的事。如果你什么事都靠自己，或是认为自己永远是对的，那么你的伴侣关系就没有实现"统合综效"。

史蒂芬：

伴侣关系是所谓的"第三条道路"。它始于两个独特个体和两种文化的结合。在"尊重自己和伴侣"的思维模式支配下，就能形成第三种类型的文化，也就是一种卓有成效的全新关系。在这种关系中，我们可以获得最深刻的喜悦和满足。

我们刻意采用"统合综效"的思维模式来创建第三种类型的家庭。不是用"我"的方式，也不是用"你"的方式，而是用"我们"的方式，一种更优越的方式。我们通过在所有重要互动中寻求第三条可行之道，使自己逐渐适应这种思维模式。

如何理财，如何平衡职业与家庭，如何抚养孩子，如何巩固亲密关系——这些都是需要通过"统合综效"来应对的重要问题。

但如果两个人对所有事的看法都截然不同，怎么才能进行创造性的合作？实现"统合综效"的秘诀是什么？

两大法则：

1.你们必须真心重视对方。

2.你们必须意识到对方的长处。每个人都有价值，都有自己的长处。

简：

我想讲一个故事。故事的主人公是布莱恩和夏洛蒂，两人高中一毕业就结了婚。布莱恩进了一家送货公司，在那里一干就是十二年。那份工作相当不错。只要他们不大手大脚花钱，加上夏洛蒂的兼职收入，两个人的小日子可以过得很滋润。

有一天，布莱恩下班回家后宣布："我想去上大学。我打算报名读夜校，然后去读商业学位，但那需要做出牺牲。"

夏洛蒂答道："亲爱的，你一直都想这么做，那就放手去做吧。我可以增加工作时间。"

布莱恩去参加考试，被夜校录取了。读完第一学期后，他坐在了辅导员的办公桌对面。

"第一学期的成绩显示,你资质平庸,阅读能力可能低于大学水平,创意写作技能则肯定低于大学平均水平。你说你喜欢数学,可你的基础会计学成绩不太行。我的个人意见是,你现在的工作挺不错的,还有三个孩子要养,你当然可以做自己想做的事,但迈出下一步之前最好先认真考虑一下。当然,要怎么做完全取决于你。如果你找个私人家教,也许能顺利拿到学位。"

"谢谢。"布莱恩说完,沮丧地起身回家。

"我资质平庸,"他焦躁地嘟囔,"可能还低于平均水平,可我这么努力!"

平庸?夏洛蒂心想,怎么可能?这是我认识的布莱恩吗?他把车库收拾得井井有条,把所有要做的事都写下来,每件事都做得完美无缺。他每天晚上不辅导完女儿的功课就不上床睡觉,只因为在乎女儿就做了初中女子足球队的教练。他每周日都接送住在街角的老太太去教堂,只因为她腿脚不方便。他是我最好的朋友和知己,而他竟然觉得自己资质平庸?布莱恩才不是资质平庸呢,夏洛蒂心想,他是一个伟大的人!

请像夏洛蒂一样,从你的伴侣身上寻找长处,聊聊对方的长处，把它们写下来，然后深入思考，牢牢地记住它们。夏洛蒂说得没错，布莱恩不是资质平庸，而是个伟大的人。

当你们选择"双赢思维"（双方皆大欢喜）和"知彼解己"，重视伴侣的长处时，就会实现"统合综效"。两个人在一起要比一个人好，这就是婚姻的意义。

你的伴侣将哪些长处带进了你们的婚姻？

_____

_____

你将哪些长处带进了你们的婚姻？

_____

_____

把上面的答案写在纸上裁下来，贴在你每天都能看见的地方。阅读它们，思考它们，将它们牢记于心。请你的伴侣也这么做。从现在开始，停止关注伴侣的短处，专注于伴侣的长处。

简:

我们在夏威夷讲授"高效能家庭的七个习惯"课程的时候,学员里有一位叫阿卜杜拉的美军随军牧师。我们提到,要在伴侣关系中刻意称赞对方,并以清单形式列出伴侣的长处。下课后,阿卜杜拉找了一大张牛皮纸,用胶带贴在家里的墙上,写下了自己的名字、妻子的名字和每个孩子的名字。

然后,他给每个孩子发了一支彩色马克笔,请他们在别人名字底下写出自己看到的别人的长处。第二天上课的时候,阿卜杜拉带来了那张又大又长的牛皮纸。

他说:"我妻子一看到孩子们在她名字底下写的字(总是陪在我身边、慈爱、耐心、听我说话)就哭了起来。她说:'我还以为家里没人喜欢我呢。'看到孩子们写的话,我也哭了。"

当你们选择意识到对方的长处时,就能创造出"统合综效"。建立在"统合综效"之上的伴侣关系,将为家庭乃至子孙后代带来巨大的好处。

实践习惯六:重视伴侣,意识到伴侣的长处

约翰:

接下来,我们将习惯六付诸实践。

我们相信,如果你重视自己的伴侣,关注对方的长处,而不是短处,就能让自己和对方过得更幸福。

赞美差异

如果两个人将双方独特的长处结合起来,得出比独立行事更好的结果,就能实现"统合综效"。实现"统合综效"的两个基本法则是:

1.互相重视。

2.意识到对方的长处。

互相重视

每个人都希望感觉被需要、受重视。想一想你的伴侣,将下面的句子填写完整:

1.我最欣赏你的地方是_____

2.我从你身上学到了_____

3.在关于你的记忆中,我最喜欢的是_____

统合综效不是……	统合综效是……
容忍差异	庆祝差异
独立行事	团队协作
认为自己永远是正确的	敞开心扉
妥协——1+1=1½	寻找第三条道路——1+1≥3

意识到对方的长处

高效能关系能最大限度地发挥双方的长处,弥补双方的短处。伴侣双方能真正意识到并尊重对方截然不同的长处。

写出你和伴侣的一些长处:

你	你的伴侣

双方互补的长处如何使你们的婚姻更稳固?

_____

_____

永远不要用短处来定义家庭成员,要用长处来定义他们。

——简·柯维

我们一生中能做的最重要的投资,就是投资我们自己。

——史蒂芬·柯维

习惯七：不断更新——推动关系日新月异

约翰：

为什么习惯七叫作"不断更新"（磨刀不误砍柴工）？请想象一下，你在森林里散步，遇见一个人在怒气冲天地锯树。你问："你在做什么呀？""你没长眼睛吗？我在锯树当柴火。""你锯了多久？""三四个钟头吧，我都快累死了。""你有成果吗？""没啥成果。""你为什么不休息一下，把锯子磨得锋利一点呢？""我没空，你这蠢货，我正忙着锯树呢。"

好吧，我们都知道，如果他休息十五分钟，把锯子磨得锋利一点,锯起木头来也许能快两三倍。你有过"因为忙着开车而没时间去加油"的经历吗?

习惯七"不断更新"说的是让自己和婚姻永葆活力。这就意味着要定期更新和巩固生活中的四个层面——身体、头脑、心灵和精神。史蒂芬·柯维说过:"忽视你的身体,它就会衰弱;忽视你的汽车,它就会损坏;一有时间就看电视,头脑就会退化;忽视你的婚姻,它就会恶化。"任何事物,只要没有得到刻意关注并不断更新,就会分崩离析,变得无序并退化。

习惯七"不断更新"意味着既要照顾好自己,也要照顾好你的人际关系。

接下来,我先来说说你吧。坐飞机的时候,空姐会告诉你,氧气面罩会在遇到紧急情况时掉落,请先给自己戴上面罩,再去帮助周围的人。为什么要先给自己戴上面罩?因为你必须先照顾好自己,才能去帮助别人。

我想请你静下心来想一想。我们都知道,锻炼身体有益健康。但你不光拥有身体,还拥有需要不断拓展的头脑,需要精心照料的心灵,以及需要滋养的精神。

我想请你做个智力小测试,看看你在以下四个方面表现如何。

请阅读以下四个问题,写出你脑海中浮现的第一个念头:

1.你本该为自己的身体做些什么,但没有去做?

2.你本该为自己的心灵(生活和人际关系中的情感领域)做些什么,但没有去做?

3.你本该为自己的头脑做些什么,但没有去做?

4.你本该为自己的精神做些什么,但没有去做?

除此之外,你还想到了什么?

_____

_____

不断更新

革新你的身体、头脑、心灵和精神。

发掘你的良知

现在,我们已经弄清了,为了实现"不断更新",你首先要做些什么。接下来,我们要来看一看,你应该停止做些什么,因为那些事可能会妨碍你实现自我更新。

请阅读以下问题，写出你脑海中浮现的第一个念头。

1.想到身体的时候，你认为应该停止对自己的身体做些什么？

2.你应该停止对自己的心灵做些什么？你在亲密关系中有过哪些不好的经历？

3.你应该停止对自己的头脑做些什么？

4.你应该停止对自己的精神做些什么？你的良知在对你说些什么？

请想出一件事……

你会怎么做？在每个需要更新的领域，请想出一件你希望开始、停止或继续做的事。将上述问题的答案填进下面的圆圈里。

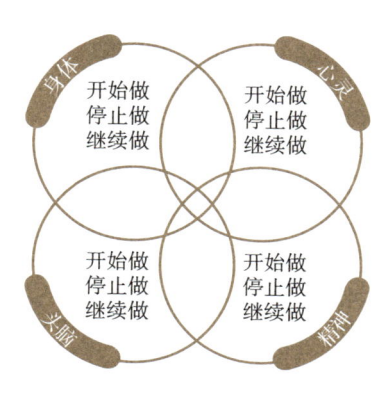

你为了"更新自我"所做的事,将大大影响生活的其他方面。

简:

怎么才能让你的亲密关系永葆活力?要让婚姻保持新鲜、有趣、有意义,重点在于强化亲密感。婚姻中的"亲密"不光是身体上的,还涉及一个人的各个层面。

- 身体层面——身体
- 心智层面——头脑
- 情感层面——心灵
- 灵性层面——精神

伴侣双方对婚姻的看法从何而来?你对婚姻的看法从何而来?是来自家人、朋友、宗教、电影还是社交媒体?这些都会影响我们对婚姻和亲密感的看法,这就是为什么上述问题如此重要。

交谈非常重要,但更重要的是倾听,弄清你伴侣的看法源自何方。大家都知道,同床共枕是"亲密"的一部分,那还有哪些东西同样重要?

当你和伴侣一起散步、约会或晚上躺在床上的时候,不妨问问他/她觉得"亲密"意味着什么,对方的回答可能会让你大吃一惊。

约翰:

我向你保证,如果你将习惯七"不断更新"付诸实践,更新自己的身体、头脑、心灵和精神,而不是忽略它们,你就能做出更好的选择,让你和家里其他人过得更幸福。

实践习惯七：
投入时间、精力和金钱培养自身技能

通过更新自我，给自己送上一份礼物。投入时间、精力和金钱培养自身技能，有助于你更好地履行职责。请评估自己的健康状况，提前做好计划安排，留出更多时间用于睡眠、健身和冥想。

配偶/伴侣活动

- 鼓励配偶/伴侣与你合写一本日记。
- 订阅有教育意义的杂志，或是两人共读优秀书刊（大声读给对方听）。

- 成为健身房的会员，或是与配偶／伴侣一起定期健身。
- 选择一个你们都喜欢的机构，一起做志愿者。
- 参观一家没去过的博物馆，或是品尝全新类别的美食——拓展视野，尝试新事物。

强身健体

从本周开始，选择一种方式提高你的身体素质：

- 设置闹钟，按时上床睡觉。
- 主动锻炼身体，给自己定个目标。
- 健身时加入新元素：耐力、柔韧性或力量练习。
- 做好计划，每年接受体检。

革新精神

从本周开始，选择一种方式充实你的精神：

- 提炼你的个人使命宣言。
- 抽出时间享受大自然。
- 聆听或演奏音乐。

- 到社区做志愿者。

磨砺头脑

从本周开始,选择一种方式磨砺你的心智:

- 学一门外语(或计算机语言)。
- 读一本好书。
- 培养一种爱好。
- 参观博物馆或美术馆。

拓展心灵

从本周开始,选择一种方式培养你的社交/情感能力:

- 邀请一位朋友共进晚餐。
- 打电话或发短信给你很久没联系过的一位朋友。
- 写感恩日记。
- 宽恕他人。

留出时间给自己

本周每天抽出三十分钟,完全留给自己。

限制使用科技产品

从今天开始做一件事,减少科技产品对你的干扰:

- 关闭手机上的"提醒"。
- 每天只看一次社交媒体。
- 制订计划,绝不让电子设备打断你跟别人的交谈。
- 做重要的事("大石块")时,关闭电子设备。

将七个习惯付诸实践

把七个习惯与日常生活联系起来。

把注意力放在最重要的一件事上。生活是个不断改善的过程,而改善需要时间和耐心。

选择一项你本周要做的活动,可以是单独进行的,也可以是跟伴侣一起做的。

_____

_____

_____

再选择一个对你和伴侣影响最大的"大石块"。

_____

_____

_____

高效能沟通总结

两个人之间的婚姻涉及爱与承诺,也涉及安全感和感觉受人重视。每个人都希望对方尊重自己。我们永远都会想受人支持、受人保护、被人渴望,更不用说是夫妻之间了。

我们保证,随着你开始实践七个习惯,你会做出更好的选择,而这些选择将让你和你所爱的人过得更幸福。

简:

我想讲一个关于希望的小故事,给本书画上圆满的句号。

特蕾莎走进厨房的时候,维克多一个人坐在椅子上,眼睛望向窗外，看着孩子们跟邻居玩耍。"特蕾莎，我又失业了。我似乎不适合这份工作。我可以重新回去做建筑工人，但我的膝盖受不了。"

维克多浑身散发着孤独与绝望。

特蕾莎穿过房间，把手搭在丈夫的肩膀上："我们会渡过难关的，一切都会好起来的。"

听见"我们"这两个字，维克多的精神为之一振，重拾了希望与自信。

当我们建立家庭和伴侣关系之后，考虑问题的角度就会从"我"变成"我们"。

约翰：

请牢记前面提过的婚姻的"四个C"框架。

- 承诺
- 品格
- 沟通
- 陪伴

当我们实践习惯一、习惯二、习惯三的时候，就会承诺打造高度信任的品格。当我们实践习惯四、习惯五、习惯六的时候，就会打造出敞开心扉的沟通。习惯七则会打造出无私的陪伴。

以前面提到的"婚姻/伴侣关系的盒子"为例，大多数迈进婚姻殿堂的人都相信，伴侣关系是个漂亮的盒子，里面装满自己渴望的一切：陪伴、性爱、亲密、友谊。事实上，伴侣关系最初只是个空盒子，你必须先往里面放东西，然后才能从中取出东西。婚姻之中本没有爱，爱存在于人们心中，是人们将爱带进了婚姻。婚姻之中本没有浪漫，人们必须往婚姻中注入浪漫。伴侣双方必须学习给予、关爱、奉献、赞美，不断填满盒子，并养成这么做的习惯。

你提升我，我提升你，我们共同升入天堂。

——贵格会箴言

高效能沟通中的反思

习惯一：积极主动
_____
_____

习惯二：以终为始
_____
_____

习惯三：要事第一
_____
_____

习惯四：双赢思维

_____

_____

习惯五：知彼解己

_____

_____

习惯六：统合综效

_____

_____

习惯七：不断更新

_____

_____

七个习惯的定义

习惯一：积极主动

伴侣和家庭成员对自己的选择负责，并拥有选择的自由，能够根据原则和价值观做出选择，而不是根据情绪或外部条件做出选择。他们培养并运用人类独有的四大天赋——自我意识、良知、想象力和独立意志，采取"由内而外"的方法去创造改变。他们选择不扮演"受害者"的角色，不消极被动，也不指责他人。

习惯二：以终为始

伴侣双方为大小事务拟定愿景和目标，从而塑造自己的未来。他们不会毫无目标地盲目度日。愿景的最高形式就是婚姻使命宣言或家庭使命宣言。

习惯三：要事第一

配偶和伴侣围绕个人使命宣言、婚姻使命宣言、家庭使命宣言中的优先事项安排事务，拥有每周一次的家庭聚会时间和固定的一对一时间。他们依照目标采取行动，而不是被琐事和外力牵着鼻子走。

习惯四：双赢思维

家庭成员根据共同利益考虑问题，相互支持，相互尊重。他们会从"互赖"的角度思考问题，也就是从"我们"的角度，而不是"我"的角度——达成双赢的协议。他们不会损人利己（我赢你输），也不会舍己为人（我输你赢）。

习惯五：知彼解己

伴侣会先真诚地聆听，理解对方的想法和感受，再表达自己的想法和感受。他们会通过相互理解建立深厚的信任和互爱关系。他们会向对方提供建设性反馈，而不会绝口不谈自己的想法，也不会先寻求别人的理解。

习惯六：统合综效

伴侣依靠个人和家庭的力量茁壮成长，通过尊重和重视对方的差异，使整体大于各部分的总和。他们会打造共同解决问题、抓住机遇的家庭文化，培养充满关爱、学习和奉献的家庭精神。他们追求的不是妥协（1＋1＝1½），也不是单纯的合作（1＋1＝2），而是创造性的合作（1+1≥3）。

习惯七：不断更新

在生活的四个基本领域（身体、社交/情感、灵性和心智）中，对个人和家庭进行定期更新，促进亲密关系效能升级。这么做有助于建立家庭传统，推动伴侣关系日新月异。

作者简介

史蒂芬·柯维博士于2012年与世长辞,留下了无与伦比的思想成就,涉及领导力、时间管理、效能、成功、爱与家庭。柯维博士著有多部畅销数百万册的励志与商业经典著作,力求向读者传授对个人与职业发展有益的原则。他的开创性著作《高效能人士的七个习惯》(*The 7 Habits of Highly Effective People*)通过令人信服、富有逻辑、定义明确的流程,彻底改变了人们思考和解决问题的方式。

作为享誉世界的领导力权威、家庭问题专家、教师、组织机构顾问和作家,他的建议让数百万人从中受益。他的作品被译为50种语言,销量超过4000万册,《高效能人士的七个习惯》更被评为"二十世纪最具影响力的商业书籍"。此外，他还著有《第3选择》(*The 3rd Alternative*)、《高效能人士的第八个习惯》(*The 8th Habit*)、《内心的领导者》(*The Leader in Me*)、《要事第一》(*First Things First*)等多部作品。他拥有哈佛大学的工商管理硕士学位和杨百翰大学的博士学位，曾与妻子和其他家人住在犹他州。

约翰·柯维博士，富兰克林柯维公司家庭分部的负责人兼联合创始人，多年来一直担任高级顾问。约翰拥有哈佛大学的工商管理硕士学位，以及杨百翰大学的教育学博士学位。他曾是大学教授，之后运用专业知识在私营部门工作了三十余年。

简·帕里斯·柯维，作为商业、教育和家庭领域的公众演说家，足迹遍及世界各地。她与人合著有《积极主动的家庭指南》(*The Proactive Family Guidebook*)，还发表过许多讨论亲子关系的文章。

过去二十多年间，约翰和简在世界各地办过许多讲座和研讨会，探讨婚姻和家庭关系，影响了成千上万人。最重要的是，约翰和简一起亲身实践自己的教学内容。他们拥有一个了不起的大家庭。他们多年来一直在讲授七个习惯，帮助数千人在生活中实践七个习惯，而他们的婚姻就建立在个人经验和本书介绍的原则之上。

富兰克林柯维公司

富兰克林柯维公司是一家专注于改善组织绩效的全球化上市公司，帮助组织和个人改善行为。公司提供的专业服务涉及七大领域：领导力、执行力、个人效能、信任、销售绩效、客户忠诚度和教育。公司的客户包括90％的《财富》杂志100强公司、75％的《财富》杂志500强公司，以及数千家中小型企业、诸多政府部门和教育机构。公司设有100多个办事处，为全球160多个国家和地区提供专业服务。

环球出版社

提供灵感之源、理解之声与实用指导。

环球出版社提供行之有效的实用知识,出版探讨商业、人生、成功学的作品。

我们旗下有600多位作者,遍及世界各地,来自不同行业领域,拥有不同教育背景,但都拥有丰富经验。你可以通过我们出版的书籍,进一步了解如何探索新方向和新思维,如何领导团队或促进组织变革,让你的生活变得更充实。我们出版的书籍激励企业和个人不断前进。

网址:www.gabal-verlag.de/rights

图书在版编目（CIP）数据

高效能沟通的七个习惯/（美）史蒂芬·柯维等著；王岑卉译.—北京：北京联合出版公司，2021.10
ISBN 978-7-5596-5517-2

Ⅰ.①高… Ⅱ.①史…②王… Ⅲ.①心理交往—通俗读物 Ⅳ.① C912.11-49

中国版本图书馆CIP数据核字（2021）第181759号

北京市版权局著作权合同登记　图字：01-2021-5859

Die 7 Wege zu glücklichen Beziehungen
© 2021 GABAL Verlag GmbH, Offenbach
Copyright © by GABAL Verlag.
Published by GABAL Verlag GmbH
Simplified Chinese rights arranged through CA-LINK International LLC (www.calink.cn)
Simplified Chinese translation edition © 2021 by Beijing Xiron Culture Group Co., Ltd.
All rights reserved.

高效能沟通的七个习惯

作　　者：（美）史蒂芬·柯维等
译　　者：王岑卉
出 品 人：赵红仕
责任编辑：李艳芬

北京联合出版公司出版
（北京市西城区德外大街83号楼9层　100088）
河北鹏润印刷有限公司印刷　新华书店经销
字数100千字　880毫米×1230毫米　1/32　6印张
2021年10月第1版　2021年10月第1次印刷
ISBN 978-7-5596-5517-2
定价：59.00元

版权所有，侵权必究
未经许可，不得以任何方式复制或抄袭本书部分或全部内容
本书若有质量问题，请与本公司图书销售中心联系调换。电话：010-82069336